허지영 신앙수필집
내 삶! 네 삶?

인쇄 2020년 12월 20일
발행 2020년 12월 25일

지은이 허지영
발행인 유차원
펴낸곳 광진문화사
발행소 04556 서울 중구 마른내로 4가길 5
        상현빌딩 3층 광진문화사
전   화 02-2278-6746
작가 이메일 young-sara@hanmail.net
출판 등록 제2-4312

*이 책의 저작권은 저자에게 있습니다.
*저자의 서면 동의없는 무단 전재 및 복제를 금합니다.
*인지는 생략합니다.
*잘못된 책은 바꿔 드립니다.

내 삶!

네 삶?

허지영

작가의 글
내 삶의 간증
<내 삶! 네 삶?>을 펴내며

하늘엔 영광! 땅에는 평화!

우리의 인생은 다양한 크기와 색깔의 풍선과 같다는 생각을 해봅니다. 하늘 높이 날아 올라 떠다니다 나뭇가지에 걸리는 풍선, 높이 높이 올라 결국 터져 버리는 풍선, 공중 바람에 이리저리 날리다 바닥으로 떨어져 발에 밟혀 터지는 풍선...

주인의 손에 붙잡혀 알록달록 그 진가를 발휘해 많은 사람에게 아름다움과 기쁨을 선물해 주는 풍선.

인생은 나의 것, "내 삶!"이라 생각하며 의기양양하게 살다가도 힘들고 어려운 시련을 만나거나 고난과 역경의 시간을 맞이해 내 힘으로 안 될 때 우리는 "네 삶?"이라는 질문을 받게 됩니다. 그리고 깨닫게 됩니다. 그리고는 내려놓음이 됩니다. 돈, 명예, 권력, 이생에 자랑...

저는 알았습니다. 내 삶이 나의 것이 아님을!!!

이 진리를 알아가도록 태어나면서부터 지금까지 늘 곁에서 나를 위해 말씀과 기도로 양육해 주시는 부모님, 아버지 허 도

장로님과 어머니 안순전 권사님께 감사드립니다.

또한 하나님의 부르심으로 먼저 하나님 나라에 입성해 나로 하여금 하나님을 깊이 만날 수 있게 해 준 친구이자 하나 뿐인 사랑하는 귀한 나의 남편 이주형에게 감사의 마음을 전합니다.

결혼과 함께 나의 부모님이 되어 주시고 부족함에도 늘 사랑해 주신 하늘에 계신 시아버지 이흥수 장로님과 지금도 내 곁에서 함께 하며 힘이 되어 주시는 시어머니 박찬수 권사님께 감사드립니다.

그리고 하나님의 능하신 손 아래서 믿음의 아들로 성장해 준 든든한 아들 이준희에게 고마운 마음을 전합니다.

무엇보다 영적으로 바르게 잘 성장할 수 있도록 말씀으로 양육해 주신 꿈의숲교회 최창범 담임 목사님께 감사드립니다.

그리고 다 언급할 수 없지만 내 삶 가운데 함께 해 주시는 모든 분과 금 번 책을 냄에 있어 많은 도움을 주신 므든 분께 온 마음을 담아 감사드립니다.

끝으로 내 삶의 주인 되사 모든 일을 주관하시고 인도해 가시는 창조주 나의 아바 아버지 하나님께 감사와 찬송과 모든 영광을 올려드립니다. 할렐루~야!!!

                          2020년 한겨울에 허 지 영

− 새벽기도 드리는 중에 떠오른 시 한 편 −

사랑하는 당신께

허지영

내가 당신을 사랑하는 것 보다
내게 더 큰 사랑을 안겨 주시는 당신

내가 힘들고 지쳐 넘어질 때
내 곁을 떠나지 않고 날 붙잡아 주시는 당신

내가 홀로 길을 걸을 때
내게 다가와 말없이 옆에서 함께 걸어주시는 당신

내가 잠을 잘 때나 깨어 있을 때
내 곁에서 나를 지켜 주시는 당신

나와 항상 함께 하는 당신

나 항상 당신과 함께 하길 원합니다.

나 언제나 당신만을 노래하길 원합니다.
나 평생 당신만을 사랑하길 원합니다.

나를 위해 모든 것 주신 당신을 위해
나의 모든 것 다 드립니다.

내가 사랑하는 당신께

축하의 글

소설 읽는 재미! 영화 보는 감동의 신앙수필집 <내 삶! 네 삶?>을 위하여!

저는 올해에 소설가로 문단에 데뷔한 지 꼭 50년이 되는 해입니다. 그래서 제가 어떻게 소설가를 꿈꾸게 되었는가를 뒤돌아보니 바로 중학교 때 맨처음 도서관에서 빌려 읽은 소설이 춘원 이광수의 <흙>이란 작품이었습니다. 그때 얼마나 재미있던지 꼬박 밤을 새워 읽었고, 다음 또 나를 재미에 푹 빠지게 한 소설은 헤르만 헤세의 <데미안>이었습니다.

또한 저는 취미가 <영화 감상>으로 특히 대학시절엔 영화 감독이나 시나리오 작가를 꿈꾸기도 했는데, 대학시절엔 개봉영화관에서 3류극장까지 같은 영화를 계속 상영해서 저는 어떤 영화에 너무나 감동한 나머지 무려 열 번을 관람하기도 했습니다. 특히 그중에 서울 충무로의 <대한극장>에서 상영된 영화 <벤허>는 개봉관인 그곳에서만 일곱 번이나 관람했던 추억이 있습니다.

<벤허>라는 유대인 주인공이 로마제국 때 기독교를 박해하는

시대를 배경으로 펼쳐지는 〈벤허〉의 파란만장한 영화 스토리는 특히 4마리의 백마가 끄는 전차 경주 장면은 아직도 눈을 감으면 입체 음향과 함께 생생히 떠오를 정도입니다.

제가 이처럼 장황하게 소설을 읽은 재미와 영화를 본 감동을 고백하는 것은 바로 허지영 수필가가 이번에 펴내시는 첫번째 신앙수필집 〈내 삶! 네 삶?〉을 읽으면서 바로 이런 소설 같은 재미와 영화 같은 감동을 느꼈기 때문입니다. 그만큼 허지영 수필가의 〈내 삶! 네 삶?〉은 처음부터 끝까지 한 권의 재미있는 소설이며, 한 편의 감동을 주는 영화처럼 신앙인의 생생한 체험적 간증이 담겨 마치 소설을 읽는 듯한 재미와 영화를 보는 듯한 감동에 빠져들게 하기 때문입니다.

그리하여 저는 허지영 수필가님의 첫번째 신앙수필집 〈내삶! 네 삶?〉이 하나님의 축복과 독자님들의 뜨거운 사랑을 받으시길 기원하는 바입니다. 감사합니다.

2020년 12월에

한국문인협회 소설분과 회장 이 은 집

| 차 례 |

작가의 글 : 내 삶의 간증 〈내 삶! 네 삶?〉을 펴내며 4
작가의 시 : 사랑하는 당신께 6
축하의 글 : 소설 읽는 재미! 영화 보는 감동의 8
　　　　　 신앙수필집 〈내 삶! 네 삶?〉을 위하여!

0편. 머리글 14
1편. 출생의 비밀 16
2편. 나 좀 다오 19
3편. 코스모스 한들한들 23
4편. 누가 바나나 나무에 오줌을 쌌어? 27
5편. 수영을 잘하는 해병대 내 아빠 31
6편. 고아원에 보내진 나 35
7편. 첫 사랑의 고백 40
8편. 자신감, 자존감의 회복 43
9편. 왜 기도하지 않았지? 47
10편. 난 못해, 싫어 52
11편. 부뚜막에 나란히 나란히 56
12편. 못 찾겠다 꾀꼬리 62
13편. 은행나무집 68
14편. 내가 못할 줄 알고? 72
15편. 괴로워도 슬퍼도 나는 안 울어 76
16편. "여자"로 만들어진 나 81
17편. 살아계신 하나님 84
18편. 부모님의 하나님에서 나의 하나님으로 88

| 차 례 |

19편. 나를 지켜주신 하나님 93
20편. 합력하여 선을 이루시는 하나님 99
21편. 나의 기도를 들으신 하나님 104
22편. 8공주, 우린 할 수 있어! 107
23편. 첫 사회생활 경험 111
24편. 나의 머리로 이해할 수 없는 일(1) 115
25편. 나의 머리로 이해할 수 없는 일(2) 119
26편. 나의 머리로 이해할 수 없는 일(3) 122
27편. 반지 사건 126
28편. 아들의 군 입대 132
29편. 백마신병교육대 137
30편. 아들 군 입대 후 첫 면박 148
31편. 아들의 첫 휴가 153
32편. 전역한 아들의 고백 158
33편. 나를 인도하시는 하나님 173
34편. 프린터기 177
35편. 사람을 낚는 어부(1) 180
36편. 사람을 낚는 어부(2) 185
37편. 찬양 받으시기에 합당하신 만군의 주 하나님, 나의 아바 아버지 188

| 차 례 |

38편. 예수전도단 새 찬양 공모전　　　　　　197
39편. 만남　　　　　　　　　　　　　　　202
40편. 우연인가? 섭리인가?　　　　　　　　216
41편. 생명　　　　　　　　　　　　　　　223
42편. 배은망덕(背恩亡德) 쵸코　　　　　　229
43편. 12시간 만에 기타 치며 찬양, 할렐루~야!　241
44편. 수선화　　　　　　　　　　　　　　244
45편. 항존직 선거　　　　　　　　　　　　248
46편. CTS 권사합창단　　　　　　　　　　252
47편. 전 교인 체육대회　　　　　　　　　　256
48편. 루터 종교개혁 500주년 기념 순회공연　261
49편. 하나님께 올려드린 난화분　　　　　　266
찬양악보　　　　　　　　　　　　　　　　272

살아계셔서 역사하시는
　하나님은 지금도 ~ing

0 편.
머리글

할렐루~야!!!
　　할 수 없는 자로 하여금 글을 쓰도록 하신 하나님께 먼저 감사와 찬송과 영광을 올려드립니다.

　어느 날 기도 중 "네 삶의 간증을 써라."하는 마음을 주셔서 "난 못해요…" 라고 했는데 얼마 후 교회 청년이 대본을 쓰게 된 것에 대한 간증을 하였고 나로 하여금 듣게 하셨습니다. 듣는 중 "네가 하는 것이 아니라 내가 한다. 써라."라는 엄청 커다란 음성이 내 귀에 들려 그 순간 너무나 놀라 얼떨결에 "순종하겠습니다."라고 대답하고 어느덧 7년의 시간이 흘렀습니다.

　나는 부족하고 미련하여 할 수 없었지만 내 안에 계신 삼위일체 하나님께서 글을 쓸 수 있도록 도우셨음을 고백하지 않을 수 없습니다.

　출판하는 시기에 대해서 기도드렸을 때 "연락이 올 것이다."

라는 기도 응답을 받았는데 정말 이은집 주간님에게서 연락이 왔습니다. 또 한번 말씀으로 확증해 주시길 기도드렸는데 "하나님을 전하고 증거하는 일을 하나님은 기뻐하신다."라는 말씀을 듣게 하셨으며 하나님의 군사로 부르심을 받은 동역자 최미라, 이현숙, 김시내 집사님을 통해 먼저 읽게 하시고 받은 은혜를 내게 전하며 격려해 주어 순종하는 마음으로 출판을 하게 되었습니다.

금번 1권을 통해 오직 허지영의 삶 가운데 잔잔하게 역사하신 살아계신 하나님만이 전하여지고 증거되길 소망하며 기도합니다. 다음 2권은 하나님을 깊이 있게 만난 후 변화된 나의 삶 가운데 하나님께서 역사하신 일들을 전하고자 합니다.

하나님께서 주관하시는 내 삶 가운데 함께 해 주신 모든 분들께 감사드립니다. 또한 이 글을 읽는 모든 분에게 하나님을 깊이 있게 만나는 복이 임하길 간절히 기도합니다.
지금도 살아계셔서 하루하루 매 순간다다 일하고 계시는 만군의 주 여호와 하나님 나의 아바 아버지를 찬양합니다.
할렐루~야!!!

1편.
출생의 비밀

천지를 창조하신 하나님께서 하나님의 형상을 따라 나를 지으시고 이 땅에 보내셨다. 1966년 5월 22일 새벽, 나는 예정일보다 세상에 일찍 나오게 되었다. 그 바람에 어머니는 병원에도 못 가시고 집에서 출산하게 되었고 출근 전이셨던 아버지께서는 직접 탯줄을 자르셨다. 그런데 태반이 모체에서 나오질 않아 급하게 산파를 부르러 가야하는 응급상황이 벌어졌다. 그 당시 철산리에 살았는데(현재 광명시 철산동) 집에서 병원까지는 걸어서 몇 시간이 소요되었고 산파를 수소문하고 다시 집으로 오는 시간을 계산하면 왕복의 시간에 더한 시간이 걸렸으니 무려 대여섯 시간 동안을 어머니는 탯줄을 발로 밟아 누르고 산파가 오기만을 기다리고 있었다고 한다. 산파가 도착해 어머니에게 주사를 놓고서야 몸속의 태반과 탯줄 등의 부속물이 몸 밖으로 나와 정상분만을 마칠 수 있었고 미리 세상에 나온 나는 기도하시는 할머니 손에 의해 씻김을 받고 어머니 품에 안길 수 있었다.

이 세상에 나오면서 모든 가족을 힘들게 하고 태어난 허지영이다. 혹 어머니가 발로 밟아 누르고 있던 탯줄을 놓치기라도 하셨다면 나는 이 세상에 나오자마자 흙으로 돌아갔거나 어머니 얼굴도 모르는 채 이 세상을 살았을 것이고 어머니 또한 이 세상 사람이 아니었을 것이다.

그런데도 나를 키우시는 동안 오늘날까지 그 일로 인해 나를 원망하시거나 "날 힘들게 한 아이야!"란 말씀을 한 변도 한 적이 없으시다. 오히려 출산하고 난 후 열린 문틈 사이로 보았던 맑고 청아했던 파아란 하늘과 집 울타리에 피어있던 노오란 꽃이 그렇게 아름다웠다고 기억하고 계신 것을 말씀해 주셨다.

지금도 내 생일날이면 어김없이 먼저 전화하셔서 축복해 주시고 그 날을 아름답게 추억해 주신다.

내가 장성하여 결혼하고 자식을 낳고 보니 어머니의 사랑이 한없이 더 크게 느껴졌다. 지금도 살아계셔서 날마다 나를 위해 무릎 꿇고 기도해 주시는 아버지와 어머니가 계시기에 나는 너무나도 든든하고 감사하다.

어린 시절 내 탄생의 비밀을 알고 나서는 부모님께 죄송한 마음과 함께 더욱 감사하게 되었다. 그리고 깨달았다. 하나님께서 나를 지으셨고, 하나님을 믿는 가정에 보내시어 나를 부르셨고, 하나님의 계획과 뜻이 있어 나를 이 땅에 보내 주셨음을, 그리고 생명은 하나님께 속해 있음을!!!

이제는 나를 지으시고 택하시고 부르신 나의 영의 아바 아버지 하나님의 뜻에 순종하고 나를 향해 품고 계신 하나님의 계획하심에 따라 믿음으로 살아가는 삶이 되길 소망하며 내 삶을 온전히 하나님께 맡긴다. 나를 통해 이루어 가실 일들을 소망하고 이루실 크고 비밀한 일을 기대한다.

나와 언제나 함께하시고 동행해 주시는 하나님의 크신 은혜에 감사하며 날마다 하나님을 찬양한다. 할렐루~야!!!

"나를 지으신 이가 하나님, 나를 부르신 이가 하나님, 나를 보내신 이도 하나님, 나의 나 된 것은 다 하나님 은혜라. 한량없는 은혜, 갚을 길 없는 은혜, 내 삶을 에워싸는 하나님의 은혜, 나 주저함 없이 이 땅을 밟음도 나를 붙드시는 하나님의 은혜~!!!"

"야곱아 너를 창조하신 여호와께서 지금 말씀 하시느니라 이스라엘아 너를 지으신 이가 말씀 하시느니라 너는 두려워하지 말라 내가 너를 구속하였고 내가 너를 지명하여 불렀나니 너는 내 것이라" (이사야 43:1)

2 편.
나 좀 다오

철산리에서 태어난 나는 얼마 되지 않아 서울특별시 상계동으로 이사를 했다. 그 당시 우리 가족은 할아버지, 할머니, 아버지와 어머니 그리고 나보다 두 살 위인 64년 6월생인 언니가 있었다. 그런데 내가 태어난 지 1년 7개월 만인 67년 12월에 여동생이 생겼고 그 이후 1년 2개월 뒤인 69년 2월에 드디어 기다리고 기다리던 남동생이 세상에 나왔다. 정리하자면 딸, 딸, 딸, 아들 네 형제가 바로 하나님께서 보내주신 선물이다. 그런데 내게 또 하나의 문제가 있었다. 내가 태어난 1966년은 60년 만에 찾아오는 병오년(말띠)이었다. 그것도 백말띠 해란다. 여자가 백말띠면 팔자(?)가 세다고 하는 속설이 있었다.

우리 집은 아버지로 인해 하나님을 믿는 가정이 되었다. 아버지는 군에 입대하여 부대에서 하나님을 알게 되었고 교회에 나가시게 되었다고 한다. 어느 날 부대 뒷산 언덕에 앉아 쉬고 있는데 바람에 종이 한 장이 휘이익 날아와 아버지 발 앞에 떨어졌단다. 집어 들어 읽으니 "중앙신학교 학생 모집"에 대한 내용이었다고 한다. 아버지는 그 글을 읽으며 가슴속에서 뭔가 모를 뜨거움이 느껴졌고 그 종이를 품에 잘 간직하고 계시다 제대 후 중앙신학교를 찾아가 입학을 하게 되었다고 한다. 이렇게 하여 아버지로 인해 할아버지와 할머니, 어머니와 우리 4남매 그리고 큰아버지와 작은아버지가 하나님을 믿게 되었고 구원을 받게 된 것이다. 작은아버지도 아버지의 뒤를 이어 성결교 신학을 하시고 목회자의 길을 걸어오셨다.

그런데 문제는 내가 태어났을 때만 해도 하나님을 믿은지 얼마 안 되다 보니 할아버지께서 나의 태어난 해의 띠, 백말띠가 마음에 안 들어 여러 방편으로 알아보시고 손을 쓰셔서 나의 출생한 해를 한해 늦추셨단다. 그러다 보니 아래 동생 둘이 줄줄이 생년이 바뀌게 된 것이다. 나의 출생을 67년으로 아래 여동생은 68년으로 막내 남동생은 70년으로 바꾸어 놓으셨다. 내가 잘못한 일도 아닌데 자라며 "언니 때문에"라는 원망 아닌 원망을 들어야만 했다. 어쨌든 올망졸망 태어난 우리 4남매. 언니가 6살, 내가 4살, 여동생이 3살, 남동생이 태어나 얼마 안 되었을 때의 일을 소개하려고 한다.

어느 날 아버지께서 똑같은 과자를 3봉지 사 오셔서 언니와 나와 여동생에게 한 봉지씩을 주셨단다. 막내 남동생은 너무 어려 과자를 먹지 못할 때였다. 과자를 받아든 우리는 맛있게 먹기 시작했는데 아버지께서는 언니부터 차례대로 이름을 부르시며 "나 좀 다오." 하셨다고 한다. 그때 언니는 손에 든 과자봉지를 얼른 등 뒤로 감추었고 나는 과자를 봉지째 아버지께 내어 드렸으며 여동생은 과자를 하나 꺼내 자기 입에 넣었다가 빼서 아버지께 내밀었단다.

아버지는 우리가 성장하여 국민학생, 지금의 초등학생이 되었을 때 이 이야기를 가정예배 시간에 들려주셨다. 아버지는 말씀하셨다. "사다 준 사람이 아버지이고 그 아버지가 '나 좀 다오.' 했을 때 자녀에게 사다 준 과자를 정말 아버지가 다 빼앗아 먹겠는가! 혹 다 먹는다 해도 또 사다 주실 분이 아버지인 것을 믿는다면 과자를 아버지께 봉지째로 다 드리는 것을 아까워하지 않을 것이란 말씀을 하시면서 육신의 아버지도 자기 자녀가 아버지에게 하는 모습을 보며 기뻐하는데 우리가 하나님께 마음을 다해 드리는 그 모습을 보실 때 하나님께서는 얼마나 기뻐하실까"라고 말씀을 전하셨다.

우리에게 아낌없이 그 아들 예수 그리스도와 함께 모든 것을 내어 주신 하나님. 그 하나님 아버지께서 주신 모든 것에 진심으로 감사하며 마음을 다해 하나님께 드릴 때 하나님의 마음이 얼마나 기쁘실까 하는 생각을 하게 되었다. 연보함에 넣은 과부의 두 렙돈을 보시고 자신이 가진 전부를 넣었다고 칭찬하신 예수님께 나도 칭찬 듣는 아름답고 현숙한 여인이 되길 소망한다.

"또 어떤 가난한 과부가 두 렙돈 넣는 것을 보시고 이르시되 내가 참으로 너희에게 말하노니 이 가난한 과부가 다른 모든 사람보다 많이 넣었도다 저들은 그 풍족한 중에서 헌금을 넣었거니와 이 과부는 그 가난한 중에서 자기가 가지고 있는 생활비 전부를 넣었느니라 하시니라" (누가복음 21:2-4)

3 편.
코스모스 한들한들

나는 나의 의사와 전혀 상관없이 하나님을 믿는 사람으로 태어났다. 아버지께서 하나님을 영접하고서 온 가족을 전도하여 믿음의 가정이 되다 보니 나 또한 모태신앙인이 된 것이다. 언니와 나는 철산리에서 태어났다. 언니가 태어나던 해 1964년, 아버지는 철산리에 "철산리 장로교회"를 개척하셨다. 우리 온 가족이 예배를 드리며 시작된 교회이다. 그리고 그곳에서 수많은 체험을 하셨다고 한다.

   교인의 수가 늘어나면서 아버지는 또다시 교회를 개척하기 위해 내가 태어난 고향을 떠나 상계동으로 거처를 옮기셨다. 함께 신학을 공부한 친구 목사님을 모시고 그곳에 "상계중앙 감리교회"를 개척하셨다. 그리고 또 멀리 경기도 청평에 "청평 감리교회"를 개척하셨는데 그 당시 아버지께서는 주일마다 청평으로 가셔서 예배를 드리셨기 때문에 너무 어린 우리 네 남매와 어머니, 할머니와 할아버지는 집에서 가까운 성암교회에 출석하게 되었다. 상계동 수락산 자락에 위치한 성암교회는 코스모스와 여러 종류의 꽃들이 잔뜩 피어있는 길을 걸어가다가 돌다리를 건너 아카시아 꽃이 하얗게 피어 향기를 솔~솔~ 풍기는 커다란 나무 옆에 있었던 것으로 나는 기억한다.

  그 당시 교회는 가고 싶으면 언제든 가는 곳이었다. 아마도 지금처럼 유치원이나 학원이 없어서 그러하지 않았을까 하는 생각을 해 본다. 내게 교회는 하나님과 늘 가까이하는 놀이터가 아니었나 싶다. 지금도 생각이 난다. 교회를 향하여 가는 발걸음이 언제나 너무나 행복했고 가벼웠다. 팔랑팔랑 뛰다시피 하며 교회를 향하는 나는 어린 마음에도 자연을 보며 항상 감탄하였다. "어쩜 이렇게 예쁠까?" 철마다 다르게 피는 꽃과 하늘을 나는 나비, 잠자리, 새, 이름 모를 곤충들... 내겐 정말 아름다운 추억이다.

  그 당시엔 길거리 어디에서나 늘 가요가 흘러나오고 있었다. 나의 기억에 "코스모스 한들한들 피어있는 길~~" 이런 가요가 그 당시 유행하여 T.V와 라디오, 길거리에서도 흘러나와 어린 나의 입에서도 나도 모르게 그 노래를 따라 불렀던 것이 생각난다. 교회를 향해 달려가며 부른 노래가 찬송이 아닌 가요라니... 지금 생각하니 그 시절에도 메스컴의 영향이 얼마나 컸는지를 알 수 있다.

  정말 순수한 영혼인 어린아이들에게 무의식적으로 전달되는 메시지의 영향이 이렇게 큰데 요즘 시대에 메스컴이 아이들에게 미치는 영향은 어떠하랴!!! 코스모스가 길가 좌우로 흐드러지게 피어있는 길을 오른발 왼발 번갈아 박자에 맞춰 폴짝폴짝 내려놓으며 입으로는 "코스모스 한들한들 피어있는 길~~"을 불렀던 내 어린 시절의 모습!!! 절로 미소가 지어진다. 그래서인지 지금도 코스모스를 보면 너무나 좋다.

가냘픈 모습을 하고서 모진 바람에도 꺾이지 않고 유순하게 참고 인내하는 그 모습... 그 모습을 보며 나도 모르게 닮고 싶었나 보다.

어린 시절 내 마음 한구석엔 이미 하나님이 만드신 창조의 세계, 이 자연의 아름다운 세계에 대한 동경심이 있었고 또 바라볼 수 있는 눈이 열려 있었나 보다. 그것은 나의 힘으로 할 수 있는 일이 아니라 하나님께서 주신 것이라 확신한다. 나는 얼마 전까지도 모든 사람은 자연을 바라보며 아름다움에 감탄하고 경이롭게 여기며 창조주 하나님을 찬양하리라 생각하였다. 그런데 고등학교 선배님을 만나 이야기 나누며 그것이 아니라는 사실을 알게 되었다.

새가 지저귀면 그냥 새가 우짖나 보다. 또 나뭇잎의 색이 바뀌어 가는 것을 보고도 가을인가 보다. 무덤덤하게 생각하는 사람이 많다는 것을 알게 되었다.

나는 지금도 아침, 저녁 하늘을 바라보고 길을 걸으면서 나무와 꽃과 풀을 보며, 심지어 걸어 다니는 사람들과 자동차를 보고도 경이로움과 아름다움에 감사의 마음으로 입 벌려 하나님을 찬양하게 된다.

"주 하나님 지으신 모든 세계~ 주님의 높고 위대하심을 내 영혼이 찬양하네." 할렐루~야!!!

"태초에 하나님이 천지를 창조하시니라" (창세기 1:1)

4 편.
누가 바나나 나무에 오줌을 쌌어?

상계동 10번 종점에서 바라보면 연노랑의 담장 집이 보인다. 색이 너무나 예뻐 볼 때마다 기분이 좋았다. 바로 우리 가족이 사는 집이다. 대문을 열고 들어서면 마당 한가운데 둥그런 화단이 제일 먼저 눈에 띈다. 화단 중앙에는 소나무가 심겨 있다. 겨울이 되면 어김없이 찾아오는 예수님의 생일을 기뻐하면서 축하하며 소나무에 예쁘게 장식을 하여 크리스마스 트리로 사용되었다. 어린 시절의 추억이 떠오른다. 언니와 나, 여동생, 남동생은 옹기종기 모여 화단 오른쪽 뒤편에 있는 평상에 앉아서 소꿉놀이를 하고는 했다. 유일한 남동생이 제일 어리지만 아빠 역할을 했고 내가 엄마 역할을 했던 것으로 기억한다. 자전거를 타고 화단을 빙빙 돌며 평상 앞을 지날 때면 손을 흔들어 보이기도 했다. 어느 날인가는 남동생이 아버지의 구두를 신고 "아빠, 회사 다녀올게."하고 몇 걸음 걷다가 넘어져 얼굴이 찢어지는 사태가 벌어져 우리 형제 모두는 야단을 맞기도 했고, 병원놀이를 하는 중 공교롭게 벌이 내 목 뒤를 쏘아 엄청 큰 소리로 울었는데 진짜 주사기로 간호사 역을 했던 여동생이 찌른 줄 알고 동생이 엄청 야단을 맞은 적도 있었다. (물론 그것이 벌에 쏘인 것임을 곧 알게 되었지만...) 더운 여름날이면 대문으로 들어설 때 왼편에 있는 펌프와 만들어진 목간통에서 아담과 하와가 되어 신나게 물놀이도 하였다.

   어릴 적 네 형제의 놀이는 재미있는 추억들로 쏠~쏠 가득하다. 어느 날 아침 가정예배를 드리고 아침을 먹고 난 후의 일이다. 우리 네 형제는 여느 때와 같이 마당에서 놀이를 하고 있었다. 그때 마루에서 청천벽력의 소리가 마당으로 흘러나왔다. "누가 바나나 나무에 오줌을 쌌어!!!" 호랑이같이 엄하셨던 아버지의 호통 소리에 우리는 마당에서 마루로 단숨에 달려갔다. 아버지는 우리를 들어오라 하시고 누가 그랬는지 찾아내기 위해 한 명 한 명에게 물으셨다. 우리는 서로 눈치만 보고 있었다. 그러다 모두가 아니라고 대답하자 거짓말을 한다고 호통치시며 결국 회초리가 등장하였다. 정직에 대해 무척 엄격하셨던 아버지는 솔직하지 못한 우리의 모습에 대해 화가 많이 나셨던 것 같다. "잘못을 솔직히 말하고 용서를 구하면 아빠가 용서해 줄 거야." 그래도 아버지가 원하시는 답은 얻을 수 없었다. 마침내 우리 자매들은 남동생에게 화살을 쏘았다. "우리가 어떻게 바나나 나무에 오줌을 누어? 강이가 그랬어." 유일하게 서서 소변을 볼 수 있는 것은 남동생뿐 이었으니까. 아들이라 또 막내라 조부모님, 부모님에게 엄청난 사랑을 받고 자라는 남동생에게 모든 시선이 꽂혔다. 우리 형제 모두가 서 있는 상황에서 공정한 모습을 보이시려고 남동생을 향해 단호하게 물으셨다. 하지만 남동생도 아니라고 대답하자 우리 모두는 정직하지 못하다는 이유로 종아리를 걷고 매를 한 대씩 맞았다. 그리고 계속되는 질문 "누가 바나나 나무에 오줌을 쌌어?" 또 침묵이 흐르자 다시 매가 형제 서열 순서대로 다가오고 있었다.

그때 할머니께서 마루로 올라오시며 "아유, 얘야 내가 나무에 거름 되라고 요강을 거기에다 비웠다." 하시는 게 아닌가! 우리는 그제야 긴장이 풀리며 "거봐, 우리 아니잖아." 볼멘소리로 아버지에게 투덜거렸다. 무서워서 큰 소리로는 못 했지만... 내 기억에 아버지는 억울해 하는 우리에게 사과하지 않으셨던 것으로 기억된다. 효자이신 아버지는 할머니께는 무어라 말씀을 못 하셨다. 바나나 나무를 너무나 귀하게 키워 오신 아버지는 하루 종일 속상해 하셨다. 우리도 바나나가 열리기를 기대하며 바라보았었는데. 결국 얼마 못 가서 바나나 나무와 영영 헤어지게 되었다.

그 당시 나는 어렸지만 어른도 아이에게 잘못 했을 때는 사과해야 한다는 생각을 하게 되었다. 그래서 결혼 후 아들을 키우며 또 교육계에 있으면서 철저히 지켜왔다. 또 살아오는 동안 실수 또는 잘못을 했을 때 용서를 구하는 습관을 철저히 지켜오고 있다. "잘못을 솔직히 말하고 용서를 구하면 아빠가 용서해 줄 거야." 이 말씀이 항상 귓가에 쟁쟁하였다. 육신의 아버지도 그러한데 하물며 영의 아버지이시고 우리를 창조하신 하나님은 얼마나 더 하시랴! 우리 인간들의 죄를 용서해 주시기 위해 사랑하는 아들 예수 그리스도를 십자가에 내어 주신이가 하나님이 아니신가!!!

  오늘도 날마다 하나님 앞에 나아가 제일 먼저 회개와 용서를 구하는 기도로 하루를 시작한다. 내가 알고 짓는 죄도 있겠지만 나도 모르는 사이에 말로나 행동, 생각으로 짓는 죄까지도 다 사하여 주시는 나의 아바 아버지 하나님께 모든 것을 아뢰고 용서를 구한다. 그러면 하나님 앞에 나아온 것을 기뻐하시고 기꺼이 용서해 주시는 나의 하나님, 나의 아바 아버지가 계시기에 너무나 감사하고 행복하다. 나의 하나님, 나의 아바 아버지, 감사합니다. 사랑합니다!!!

  "하나님이여 내 속에 정한 마음을 창조하시고 내 안에 정직한 영을 새롭게 하소서"(시편 51:10)

5 편.
수영을 잘하는 해병대 내 아빠

상계동에서 초등 1학년까지의 시간을 보내고 우리 가족은 아버지의 뜻에 따라 또다시 상계동을 떠나 존농동 "샛별교회" 내 사택으로 이사를 하였다. 목사님의 목회를 돕고 교회의 부흥을 위함이었다. 지금 생각해 보니 당시 모든 악기를 동원해 어깨에 큰북을 메고, 작은 악기들을 손에 들고 치면서 찬양도 부르고 말씀을 외치며 거리 노방 전도를 했던 기억이 생생하다. 어렸지만 성경 암송도 많이 하게 했고 정말 하나님을 사랑하는 열정으로 가득했었다. 우리 가족과 목사님의 가족은 형제같이 지내며 신앙생활을 하였다.

그러던 여름날 목사님의 친척분들이 사는 간현이라는 곳으로 함께 휴가를 가게 되었다. 나는 이날을 지금도 잊지 못하고 너무나 생생하게 기억하고 있다. 도착한 첫날 밤 평상에 누워서 본 밤하늘의 수많은 별들. 얼마나 많은 별들이 하늘을 수놓았는지 너무나도 아름답게 빛나고 있었고 누워 있는 나게 금방이라도 쏟아져 내릴 것만 같았다. 아브라함에게 자손의 번성을 약속

하시며 하신 축복의 말씀 "하늘에 별과 같이 바다에 모래알 같이~"란 구절을 대할 때면 이날을 떠올리게 된다. 첫날 밤을 보내고 다음 날 목사님 가족, 친척 그리고 우리 가족이 함께 간현의 강가로 물놀이를 갔다. 나는 그 당시 수영을 못했기 때문에 물가 주변을 어슬렁어슬렁 걷기도 하고 모래로 두꺼비집을 만들기도 하며 놀고 있었다. 그런데 우리가 놀고 있는 곳에서 조금 떨어진 저 앞쪽에 배 한 척이 보였다. 그래서 난 호기심에 배가 있는 쪽으로 걸어갔다. 아뿔사!!! 분명 모래땅을 밟고 걷고 있었는데 갑자기 쑤욱 물속으로 몸이 빠져 버린 것이다. 엄마를 부르려고 "엄"하면 물속으로 쏙 들어가고 "마"하면 물속으로 또 쏘옥 들어가고 그렇게 하기를 몇 차례. 물도 많이 먹었다. 그 때마침 목사님의 친척 중 한 오빠가 그런 나를 발견하고 달려와 건져 주었다. 다행히 나는 살았으나 정말 부끄럽기 짝이 없었다.

점심을 먹고 또다시 물놀이가 시작되었다. 내 아버지는 해병대 출신이시다. 평소 그 시절 이야기도 들려주셔서 아버지가 수영을 잘 하신다는 것을 나는 믿고 있었다. 우리가 휴가를 오기 전 비가 많이 내려 물살이 무척 빠르다는 이야기를 들었음에도 불구하고 아버지는 튜브를 줄로 연결하고 그 줄을 아버지의 몸에 묶었다. 수영을 못하는 우리를 태워 주시기 위해 만반의 준비를 다 하셨다. 먼저 언니를 태우려니 언니는 무섭다며 타지 않으려고 도망을 가서 둘째인 내게 기회가 주어졌다. 나는 아버지를 믿었다. "우리 아빠는 해병대야. 수영도 잘해." 늘 자랑스럽게 생각하였던 터라 튜브 위에 가부좌를 틀고 올라앉았다. 아버지는 헤엄을 쳐 멀리 멀리 강물 따라 흘러갔다.

  한 참의 시간이 흘렀다. 그때 아버지는 뒤를 돌아보시며 "지영아, 움직이지 말고 그대로 가만히 앉아 있어."라고 말씀하셨다. 그 당시 나만 모르고 있었다. 뭍에서는 난리가 났었다고 한다. 아버지가 헤엄을 쳐 가는 것이 아니라 물살의 힘 때문에 그냥 흘러 흘러 떠내려가고 있다는 것을 알았기 때문이다. 아버지는 물살이 너무나 세서 물을 거슬러 올라오실 수가 없었고 그 상황을 파악한 간현에 사는 목사님 조카는 로프 줄을 가지고 강을 두르고 있는 산으로 올라가 줄을 아래로 내렸다. 아버지는 겨우겨우 옆으로 옆으로 산 쪽으로 헤엄쳐가셨다. 그리고 극적으로 로프 줄을 잡았고 산 위에서 목사님의 조카가 줄을 끌어 인도함에 따라 아버지는 거슬러 땅 쪽으로 올라올 수가 있었다. 그야말로 산에서 강으로 내려진 로프는 생명줄이었다.

  어머니를 비롯하여 모든 어른, 아이들이 달려와 아버지와 나를 반갑게 맞았다. 그 당시 나는 영문도 모른 채 기분이 좋아 들떠 있었다. 튜브에 앉아서 물 위에 떠 다니던 기쁨만 있었다. 아빠에 대한 믿음이 나의 마음을 편케 하였고 조금의 두려움도 없이 평안함 가운데 그 상황을 즐기며 기뻐할 수 있었던 것 같다.

  이것이 "믿음"이란 것을 커 가며 알게 되었다. 오직 하나님을 바라보고 언약의 말씀을 믿을 때 하나님께서 나의 가는 길과 걸음을 인도하시고 내 삶을 책임져 주시는 분이시라는 것을!!! 나는 한 날에 두 번 생명을 구원받았다. 나를 향한 하나님의 계획하심이 있기에 태어날 때와 이 한 날에 두 번의 죽을 고비에서 건져 주셨으리라 생각한다. 이 생명 다하는 날까지 오직 하나님의 영광을 위하여 사는 삶이 되리라 다짐한다.

"주님, 사랑합니다."

"네 믿음이 너를 구원하였느니라" (누가복음 17:19)

6 편.
고아원에 보내진 나

하늘은 푸르고 햇볕 뜨거운 어느 초여름날, 나는 야트막한 산과 들판을 친구들과 함께 뛰어다니며 놀이를 즐겼다. 조용하고 차분한 성격의 언니와는 달리 나는 활동적이고 적극적인 아이였다.

1학년 때의 일이다. 언니가 구구단을 외우는 것을 옆에서 바라보며 따라 외우다가 작은아버지의 질문에 대답을 못 하자 "그것도 못해?" 하시며 꿀밤 세례를 주어 나는 그만 산수(수학)에 대한 흥미를 잃어버리고 말았다. 하지만 팔방미인인 언니는 공부면 공부, 음악이면 음악, 미술이면 미술, 글쓰기 등등... 체육을 빼고는 못 하는 것이 하나도 없었던 언니로 인해 나는 피해의식이 생겼고 자신감을 잃어가게 되었다.

특히 1남 3녀 중 둘째로 태어나 중간에 낀순이가 되다 보니 더더군다나 외로울 때가 많았다. 그럴수록 나는 그 모습을 숨기고 인정받는 착한 딸이 되려고 노력하였다. 커서 알게 되었지만 셋째인 여동생은 더 소외감과 외로움을 느꼈다고 고백하였다.

언니와 내가 중학생일 때 자신은 초등학생이라 어리단 이유로 안 끼워주고, 언니와 내가 고등학생일 때 본인은 중학생이라 대화가 안 통한다고 안 끼워주었다고 어른이 되어서야 원망의 말을 하여 "미안하다."라고 사과를 하였다. 우리 인간들은 알게 모르게 상처를 주기도 하고 상처를 받으며 살아가는 존재인가 보다. 나만 아픈 줄 알고 있으나 사실은 상대방도 말없이 아파하며 살고 있다는 것을 알게 되었다.

초등학교 2학년 때의 일이다. 나는 의식적으로 관심 끌기 행동을 하기 시작했다. 들판에서 놀다가 나무 아래 넝쿨에 매달려 자라난 호박을 발견하고는 그것을 따가지고 한달음에 집에 달려와 아버지 반찬 해 드리라고 따 왔다고 생색을 내기도 하였다. 그런 나의 모습을 보며 어머니도 기뻐하시고 아버지 또한 항상 "우리 지영이는 돈키호테야!!!"라고 말씀하시며 큰 소리로 웃으셨다. 기뻐하시는 모습을 보면서 나도 기뻤고 "인정의 욕구"가 내 안에서 자꾸 자꾸만 자라 갔다.

한 번은 이런 일이 있었다. 백혈병이란 병명을 처음 듣게 된 나는 친구들과 놀이하다가 갑자기 "나 고백할 것이 있어. 사실 나 백혈병에 걸렸어. 얼마 못 산대."라고 말하고는 마구 뛰기 시작하였고 친구들은 그런 내 뒤를 마구 뛰어 따라 왔었다. 한참 동안 골목골목을 뛰어다니다 어딘가에 숨어 있다가 밤이 되어서야 집에 들어갔던 기억이 난다.

2학년 때 이사와 함께 전학을 한 나는 단짝 친구를 사귀게 되었다. 그 친구의 집은 문방구를 하였다. 그런데 내 눈엔 그 친구 집이 어렵게 사는 것으로 보였고 가서 무엇인가를 사 주어야 할 것 같은 마음이 자꾸 들었다. 나는 아버지. 어머니가 장롱 옷 서랍장 첫 칸에 돈 봉투를 넣어 두고 필요할 때마다 꺼내서 사용하시는 것을 보았다. 그래서 나는 안방으로 들어갔다. 아버지는 방에서 주무시고 계셨고 어머니는 안 계셔서 나는 말 없이 서랍장에서 종이돈 한 장을 꺼내 들고 문방구를 하는 친구의 집으로 달려갔다. 그리고 이것저것 몇 가지 물건을 집어 들고 돈을 드렸다. 그랬더니 친구 아버지께서 몇 차례 반복하여 물으셨다.

"이 돈 어디서 났니?" "부모님이 주셨어요." 나는 천연덕스럽게 대답을 하고는 친구와 방에 들어가 놀고 있었다. 어둑어둑해져서야 나는 집으로 돌아왔다. 그런데 분위기가 이상했다. 친구의 아버지가 돈을 가지고 우리 집에 다녀간 것이다. 돈의 액수가 너무나 커서 아무래도 이상해서 집으로 가져오셨다는 것이다. 나는 사실 그 돈의 액수가 얼마나 되는 건지도 모르고 그저 물건을 살 수 있다는 것만 알고 가져간 것이었다. 그런데 자초지종을 묻지도 않고 부모님의 허락 없이 돈을 꺼낸 것에만 초점이 맞춰져 나는 죄인이 되었고 보자기에 옷 몇 벌과 필요한 필수품을 몇 가지 넣어 보따리를 싸 가슴에 안고 책가방은 등에 지고 아버지의 뒤를 쫓아 나서게 되었다.

나는 눈물 콧물을 흘리며 그 당시 전농동 근처에 있던 고아원으로 가게 된 것이다. 초가을이었는데 그 밤이 얼마나 춥게 느껴졌는지 모른다. 고아원 문 앞에서 한참 동안을 울고 다시는 허락 없이 돈을 꺼내 가지 않겠다고 다짐을 하고서야 다시 집으로 돌아올 수 있었다.

　대학에서 콜버그의 도덕성 발달단계에 대해 공부를 하며 씁쓸한 미소를 짓게 한 내 인생의 사건이다. 나는 내 9살 인생에 있었던 이 일들로 인해 그해 가을 부흥회인지 다음 해 부흥회인지에서 눈물 콧물을 흘려가며 얼굴이 시뻘겋게 달아오를 정도로 회개하였다. 관심을 끌기 위해 장난으로 던진 말이지만 백혈병이라 거짓말 한 죄, 나중에야 알게 된 사실이지만 나무 아래 넝쿨 호박도 주인이 있어 키우는 것이었다는 사실에 본의 아니게 훔친 것이 된 죄, 부모님께 말씀드리지 않고 돈을 가져간 죄, 나를 야단친 아버지가 야속해 미워했던 죄 등. 그 당시 부흥회에 오셨던 강사 목사님께 (이 글을 쓰게 될 줄 알았으면 성함을 기억해 두었을 텐데.) 안수 기도를 받았는데 기도를 마치신 후 종이에 「이사야 41장 10절」이라고 써 주시며 "너의 평생의 말씀이다."라고 말씀하시며 내게 건네주셨다. 나는 그 쪽지를 손에 꼬옥 쥐고 집에 와 아버지와 함께 성경을 찾아 줄을 긋고 말씀을 종이에 적어 그 날부터 외우고 다니게 되었다. 내 평생의 말씀!!! 어린 시절의 아픈 추억이기도 하지만 내가 성장해서 대학 시절 오류동에 있는 고아원에서 봉사를 할 수 있었던 것, 어려운 이웃을 돌아볼 수 있게 된 것, 정직이 하나님 앞에서 얼마나 중요한 것인지를 알게 된 것, 회개할 때 하나님은 나의 죄를 용서해 주시고 여전히 나를 사랑하신다는 것 등 더 큰 것을 알게 되었고 얻게 되었다. 야곱과 같이 시샘하여 인정받고 싶어하고 기회를 노리고 거짓말하고 눈에 드러나지 않게 내 것을 챙기려고 한 내가 곧 지렁이(나의 어릴 적 별명 중 하나였다.) 같은 야곱이란 사실을 나는 일찍 깨달았다. 하나님은 그런 나를 변화시키시고 다듬어 오셨다. 언제나 변함없이 부족한 나를 사랑해 주시는 하나님으로 인해 날마다 기쁨과 감사함 속에 하루하루를 살아간다. 주님, 사랑합니다. 찬양합니다. 할렐루~야!!!

"두려워 말라 내가 너와 함께 함이라.
놀라지 말라 나는 네 하나님이 됨이니라.
내가 너를 굳세게 하리라 참으로 너를 도와주리라.
참으로 나의 의로운 오른손으로 너를 붙들리라."

(이사야 41:10)

7 편.
첫 사랑의 고백

국민(초등)학교 시절 나는 너무나 말랐고 키는 보통이었으며 소심한 성격에 걱정이 많은 아이였다. 또 앞에 나서기를 좋아하지 않았다. 내재되어 있는 열정은 많았으나 자신감이 부족하였던 것 같다. 형제가 넷이다 보니 누가 꼭 꼬집어 무어라 안 해도 집안에서 자연스레 비교가 될 뿐 아니라 교회를 다니다 보니 거기서도 비교가 되어 늘 긴장 상태로 생활을 하였었다.

특히 아버지가 장로님, 어머니가 권사님이시다 보니 쉽게 입방아에 오를 수 있는 대상이었기에 더욱 긴장했던 것 같다. 그래도 무엇인가 나에게 책임이 주어지면, 또 내게 어떠한 역할이 주어지면 최선을 다하는 성실한 아이였다. 누구에게든 지기를 싫어하였고 한 번 하면 완벽하게 제대로 해내려는 욕심도 많았다. 가부장적인 우리 집은 아버지의 권위가 최고였기 때문에 모든 결정권이 아버지께 있었다. 따라서 난 항상 아버지와 더 가까이 하려고 노력하였고 아버지의 마음에 드는 딸이 되려고 노력하고 애썼다. 지금도 아버지와 가장 대화를 많이 하는 딸이다.

 나는 아버지께 요구사항이 참 많았던 아이다. 하고 싶은 것은 꼭 해야만 직성이 풀리는 나는 어떻게 해서든지 아버지의 마음을 돌려놓았다. 그래서 얻은 수확이 합창반, 고적대, 피구선수, 스케이트, 수영 등이다. 어린 시절의 경험이 오늘날 내 삶에 큰 영향을 미쳤다고 생각한다. 그런데 당시 내게 큰 콤플렉스가 하나 있었다. 바로 '시험' 콤플렉스다. 시험을 보기만 하면 배앓이를 하였다. 아마도 긴장, 스트레스로 인한 병이었던 것 같다. 성적으로 인해 언니와 비교되는 것이 너무나 싫었던 내게(누가 뭐라 안 해도 내 스스로가 싫었다.) 시험 자체가 큰 스트레스로 작용했던 것 같다.

 시험 기간 내내 배가 아팠던 난 시험을 마친 다음 날 너무나 아파서 학교를 결석한 적이 한 번 있었다. 긴장이 풀리면서 더 아팠던 것 같다. 그 날 오후 친구들이 꽃다발을 가지고 집에 찾아왔다. 결석을 하지 않는 내가 결석을 해서 걱정이 많이 되었던 모양이다. 나는 그 꽃을 받아들고 너무나 기분이 좋았다. 지금 그 꽃이 어떤 꽃이었는지 꽃 이름이 기억나진 않으나 이 순간에도 참 예뻤다는 생각에는 변함이 없다.

 어머니가 주신 간식을 먹으며 친구들과 방에서 이야기꽃을 피우고 놀다가 저녁이 다 되어서야 각자 집으로 돌아갔다. 친구들이 가고 나서 나는 갑자기 이런 생각이 들었다. '이 예쁜 꽃을 하나님의 집에 가져다 놓으면 얼마나 좋아하실까?' 나는 하나님을 사랑하는 나의 마음을 이때 처음으로 고백하였다. 내 첫사랑 고백이었다. 바로 꽃다발을 안고 어머니께 달려가 꽃병을 찾아 달라고 하여 받아 들고서 교회로 달려갔다. 샛별교회 내 사택에 살 때여서 몇 분 만에 갈 수 있었다. 어머니도 함께 동행해 주셨다. 교회 본당 뒤 책상 위에 꽃을 꽂은 꽃병을 올려놓았다. 그리고 물끄러미 바라보는 내 입가에 미소가 번졌다. 내 마음에 기쁨이 충만해져 더 행복했다. "엄마, 하나님이 기뻐하시겠지?" "그럼, 하나님께서 기뻐하실 거야." 한참 동안 어머니와 함께 서서 꽃병을 바라보며 기뻐하였다. "하나님, 사랑해요." 잠시 하나님께 기도를 드렸던 것 같은데 무슨 내용이었는지 잘 기억이 나질 않는다. 내 삶을 간증하라 하실 줄 알았으면 다 기록을 해 놓았을 텐데… 한 치 앞도 모르는 것이 인생임을 또 한 번 느끼게 된다. 지금도 매일 매 순간, 이 순간에도 난 여전히 나의 아바 아버지께 고백한다. "나의 아바 아버지 하나님, 내가 주님을 사랑하나이다." 아멘, 아멘, 아멘!!!

"우리가 알거니와 하나님을 사랑하는 자 곧 그의 뜻대로 부르심을 입은 자들에게는 모든 것이 합력하여 선을 이루느니라"
(로마서 8:28)

8편.
자신감, 자존감의 회복

파란 하늘 아래 왁자지껄 재잘거리는 맑은 영혼의 소리!!! 운동장에서는 힘껏 공을 던지고 날아오는 공을 피해 이리 뛰고 저리 뛰고... 한껏 몸을 움직이고 교실로 들어와 숨을 고르며 다음 수업시간을 준비하는 우리들. 국민(초등)학교 시절, 선생님은 만능이어야만 했다. 모든 과목을 다 가르쳐야 했으니까. 그런데 선생님도 신이 아닌 사람이다 보니 완벽할 수는 없었나 보다.

3학년 학기 초의 일이다. 음악시간에 담임 선생님께서는 "피아노 칠 수 있는 사람 손들어 보세요."라고 말씀하셨다. 교실을 둘러보니 아무도 손을 드는 친구가 없었다. 선생님은 난감해하셨다. 선생님의 걱정 가득한 얼굴을 보며 나는 어디서 나온 용기인지 손을 들었다. 사실 나는 피아노를 배운 적이 없다. 그 당시 피아노를 배운다는 것은 대단한 일이었다. 지금은 피아노를 안 배우는 아이들이 거의 없을 정도이지만 그때는 피아노를 배우는 아이가 가뭄에 콩이 나듯 하였다. 부모님은 내가 활동적이

어서 피아노를 배우는 것이 적성에 맞지 않을 거라고 판단하셨다고 한다. 그래서 차분하고 정적인 언니에게만 피아노를 가르치셨단다.

  나는 언니가 피아노를 배우러 가는 시간이면 언제나 어김없이 언니 옆에 껌딱지처럼 붙어서 따라갔다. 그리고는 언니가 피아노를 치는 동안 뒤편 의자에 조용히 앉아 피아노 치는 소리를 귀 기울여 듣고 있었다. 그리고 옆으로 피아노를 치는 언니의 손을 쳐다보기도 했다. 그러고 난 후 나는 교회에 가서 풍금으로 혼자 연습했다. 악보는 내 눈에 콩나물에 불과하였다. 난 까막눈이었다... 하지만 내 귀에서는 음들이 살아 움직였다. 언니가 연주한 피아노 음들이 내 귀에 들려졌던 대로 내 손은 건반 위를 달리고 있었다. 이렇게 어깨 너머 배운 실력으로 손을 들다니! 선생님은 내 이름을 부르셨고 나는 앞에 나가 풍금을 치게 되었다.

  그 날 배울 노래 악보를 펼쳐 놓았는데 여전히 내 눈에는 음표가 콩나물로 보였다. 두 살 위인 언니가 학교에서 배워와 집에서 함께 불러 보았던 노래였기 때문에 내 귀에 익숙해 나는 그저 노래의 음을 기억해 칠 수 있었다. 그 날 이후 음악 시간마다 나는 보조 선생님이 되었다. 이 일을 계기로 나는 자신감이 생겼고 나의 자존감이 회복되기 시작하였다. 나 스스로가 날마다 언니와 비교를 하고 체육 빼고 언제나 올 "수"인 언니의 성적을 따라갈 수 없어 다른 부분에서 부모님께 인정을 받고자 노력했던 나인데 이 일 후로는 언니의 장점과 부족함을 인정하게 되었고 나만의 장점과 부족함도 인정하고 받아들이게 되었다.

하나님께서는 나에게 자신감과 자존감을 회복시키시기 위해 이러한 기회를 주시고 또 재능을 주셨나 보다. 누구나 다 할 수 있는 것 이라고 생각했었는데 "청음"과 "절대음감"은 하나님이 내게 주신 선물이다. 또 그 날 이후 나는 선생님이 되고자 하는 꿈을 꾸게 되었고 등네 아이들을 모아 놓고 선생님 늘이를 하면서 꿈을 키워갔다. 하나님께서 나에게 이 일로 두 가지의 달란트를 주신 것이다.

나는 중학교 시절 생떽쥐뻬리의 저서 "어린왕자"를 읽으며 어린아이들을 가르치는 유치원교사로 진로를 결정하였다. (고등학교시절 특수교육과 유아교육을 놓고 조금 고민하였으나 부모님의 권유로 유아교육을 전공하기로 결정하였다.) 그 후 30년간을 교사로 출발하여 원감, 원장으로서 유아교육자의 길을 걷고 있다.

하나님은 우리를 어머니의 태에 지으실 때부터 이미 우리의 모든 것을 알고 계신 분이시다. 2006년 강권하여 새벽기도를 하게 하시며 "2013년에 일을 이루리라"란 마음을 주셨는데 2013년 봄 찬양을 할 기회를 주셨고 생각조차 할 수 없는 놀라운 일, 찬양 음난이 나오게 하셨다. (내가 한 일은 오직 편도가 부은 상태에서 성령님의 도우심을 구하고 찬양을 한 것 뿐) 또 2013년 가을 부흥성회 이후 매일 아침 하늘의 곡, 방언 찬양의 곡을 주신다. 할 수 없는 자에게 작사, 작곡까지 하라 하셔서 "제가 어떻게 해요…" 미루고 미루다 하나님의 능력을 의지하고 믿음으로 순종하여 몇 곡을 만들어 하나님께 찬양으로 영광을 올려드렸다. 이 모든 일에 성령님이 함께 하셨다. 오늘날을 위해서 청음과 절대음감을 주셨나 보다. 할 수 없는 자로 할 수 있게 하시는 만군의 주 여호와 하나님을 찬양한다. 할렐루~야!!!

"내게 능력 주시는 자 안에서 내가 모든 것을 할 수 있느니라"
(빌립보서 4:13)

"기록된 바 하나님이 자기를 사랑하는 자들을 위하여 예비하신 모든 것은 눈으로 보지 못하고 귀로도 듣지 못하고 사람의 마음으로도 생각지 못하였다 함과 같으니라. 오직 하나님이 성령으로 이것을 우리에게 보이셨으니, 성령은 모든 것 곧 하나님의 깊은 것이라도 통달하시느니라~ 우리가 세상의 영을 받지 아니하고 오직 하나님께로 온 영을 받았으니 이는 우리로 하여금 하나님께서 우리에게 은혜로 주신 것들을 알게 하려 하심이라"
 (고린도전서 2:9-10, 12)

9 편.
왜 기도하지 않았지?

내 할아버지는 너무나 마음이 여리시고 따뜻한 분이셨다. 우리 4남매가 학교에서 돌아올 때면 항상 대문 밖 저만치까지 나오셔서 우리를 기다리고 계셨다. 비가 오고 바람이 불던 어느 날은 우리가, 특히 막내인 남동생이 날아간다고 어머니의 만류에도 불구하고 부득불 학교까지 우리를 데리러 오셨다. 그 큰 사랑을 받으며 우리는 성장했다. 우리 집안은 아버지가 군 시절 하나님을 만나서 신앙생활을 시작함으로 인해 할아버지와 할머니, 그리고 아버지의 형제들이 모두 전도되어 예수님을 믿고 구원을 받게 되었다.

"주 예수를 믿으라 그리하면 너와 네 집이 구원을 얻으리라" 하신 말씀이 이루어졌다. 할렐루~야!!! 상계동에 살 때니까 내가 여섯 살 때쯤 일이다. 그 당시 할머니는 매일 빠지지 않고 새벽예배를 드릴 정도로 신앙심이 매우 깊으셨다. 그런데 할아버지는 교회를 다니시기는 했지만 세상에서 즐기던 낙을 그리워하셨다.

중절모를 쓰고 하얀 긴 수염에 지팡이를 든 멋쟁이 할아버지(포천 할아버지라 불렀다.), 할아버지의 친구분이 일 년에 몇 차례 우리 집에 다니러 오시곤 했다.

할아버지 친구분은 항상 기다란 곰방대를 가지고 다니셨다. 어느 날 포천 할아버지가 곰방대에 뭔가를 꾹꾹 눌러 집어넣고 불을 붙인 후 입으로 빨고는 "후~" 하고 뱉어내면 연기가 솔솔 나오는 것을 보게 되었다. 내가 쳐다보고 있자 포천 할아버지는 입을 붕어처럼 뻐끔뻐끔하며 도넛처럼 동그란 연기를 만들어 보이셨다. 그러면서 "아, 맛있다."라고 말씀하시는 것이 아닌가! 난 호기심이 발동하여 "할아버지, 맛있어요?" 하고 물었다. 그러자 포천 할아버지는 곰방대를 내 입에 대시며 빨아 마시라고 하셨다. 맛있다는 말에 나는 그만 쭈~욱 빨아 마신 후 꿀꺽하고 삼켰다. 연기를 먹어버린 것이다. 나는 쿨룩쿨룩 기침과 함께 눈물 콧물이 쏟아져 한참 동안 고생하였다. 난생처음이자 마지막으로 피운 담배이다. 왜 이런 걸 맛있다고 하는지 지금까지도 이해가 되질 않는다.

우리 할아버지는 포천 할아버지가 오셔야 공식적으로 담배를 피우실 수 있었다. 아버지도 하나님을 만나기 전에는 술과 담배를 하셨는데 하나님을 믿고 나서 다 끊으셨다고 한다. 그러니 할아버지가 계속 담배를 피우시는 것을 그냥 보고 계실 수 없었고 강제적으로 금연하시도록 권하셨다. 유년 시절엔 잘 몰랐는데 초등학교 저학년이 되어서야 나는 할아버지의 안타까운 모습을 보게 되었다. 술은 끊으셨는데 담배는 끊기가 어려우셨나 보다. 할아버지는 결국 남들이 피우다 버린 담배꽁초 중 긴 것을 주워 모아 두었다가 피우시곤 했다. 이 일로 우리 집은 몇 차례 폭풍이 지나갔다.

오직 하나님 안에서 살기를 원하시는 아버지는 불의를 절대 용납하지 못하는 대쪽 같은 분이시다. 또 부모님을 사랑하는 효자이시다. 둘째 아들임에도 거의 평생을 부모님을 모셨으니 말이다. 그런데도 할아버지가 담배를 끊지 못하고 피우시는 모습에는 너무나도 야속할 정도로 단호하셨다. 아들이 장로인데 아버지가 그러한 모습의 삶을 사시니 얼마나 마음이 괴로우셨을까… 역정을 내시는 아버지도 이해가 되고 "이제는 정말 담배를 안 피울게." 하시던서도 계속 끊지 못하고 주워 피우신 할아버지도 이해가 되었다.

얼마 전 아버지는 가족 모임 자리에서 후회하시며 내게 말씀하셨다. "내가 왜 네 할아버지의 마음을 이해하지 못했을까. 무조건 담배를 피우시지 못하게 하고 화를 내었던 나 자신이 너무나 참…" 말씀을 잇지 못하셨다. "내가 나이가 들어 이제야 깨달으니 참 한심하지."라고 덧붙이셨다. 이제 나도 그 당시 아버지의 나이가 되어 아버지의 말씀을 들으며 나 자신을 돌아보게 되었다. 과연 나는 어떠했는가. 나 또한 나의 생각, 내 뜻으로 내 부모, 내 형제, 내 자식, 동료 교사, 내가 가르치는 아이들, 학부모의 삶을 나의 힘으로 변화시킬 수 있다고 자부했었다.

하나님을 온전히 섬기기 전에는 말이다. 하지만 내가 하나님의 강권하심으로 새벽예배를 드리게 되면서 내 삶이 변하기 시작하였고 하나님 안에서 사는 제2의 인생이 되었다. 내 삶의 모든 것을 다 내려놓게 되었다. 모든 주권이 나의 아바 아버지 되신 하나님께 있음을 깨달았고 또 내 삶을 다스리시는 분이 하나님이심을 인정하고 내 교만한 마음을 내려놓았다. 살아오는 동안 내가 사는 것이 아니라 내 안에 예수 그리스도께서 사신 것이라고 고백하면서도 내가 내 힘으로 하려던 것이 얼마나 많았는지 모른다. 그러다가 결국은 "주님, 나는 할 수 없습니다. 하나님께서 도와주세요." 하며 무릎을 꿇었다. 그러기를 수도 없이 하며 살아왔다. 하지만 이제는 확실히 깨달아 알았다. 내 인생의 모든 일은 오직 하나님의 손에 달려 있다는 것을! 하나님을 인정한다.

할아버지의 일도 하나님께 맡기고 오히려 기도를 더 하였다면, 그리고 하나님께서 하실 일을 기대하고 인내하며 기다렸다면 서로의 마음에 상처가 되지 않았을 텐데 하는 생각을 하게 된다. 내 어린 시절에 그 누구도 "기도의 힘, 기도의 능력"에 대해 알려주지를 않았었다. 일상적인 기도(식사기도, 잠자리기도, 무엇을 하기 전에 기도하는 것 등)만 가르쳤지 모든 일에 기도해야 함을 강조하여 가르치질 않았다. 지금 생각하니 너무나 안타까운 일이다. 이제 나는 확실히 안다. 기도는 나의 아바 아버지이신 하나님과의 대화이고 기도는 능력이라는 것을, 또 믿고 구한 것은 이루어진다는 것을 말이다. 앞으로는 내 생각이 먼저 앞서지 않고 모든 일에 하나님의 뜻을 먼저 구하는 자가 되리라 다짐하며 고백한다.

"아무것도 염려하지 말고 오직 모든 일에 기도와 간구로 너희 구할 것을 감사함으로 하나님께 아뢰라 그리하면 모든 지각에 뛰어난 하나님의 평강이 그리스도 예수 안에서 너희 마음과 생각을 지키시리라"(빌립보서 4:6-7)

10 편.
난 못해, 싫어

"아침 해 웃으면서 솟아오르면 종소리 크게 울려 우릴 부른다.~~" 방학과 함께 여름성경학교가 시작되면 항상 부르던 노래이다. 아직도 생생하게 내 귓가에 들리는 듯하다. 요즘은 유치부, 유년부, 소년부, 청소년부 아이들이 거의 모두 학원에 다니느라 또 좋은 놀이를 찾아 이 핑계 저 핑계를 대며 여름성경학교에 제대로 참석하지를 않는다. 그래서 준비하고 헌신하는 교사들의 마음을 참 많이 아프게 한다.

하지만 내가 어릴 적에는 여름성경학교가 하나의 이벤트처럼 여겨져 교회에 다니지 않는 친구들까지도 모두 모두 교회로 몰려올 정도였다. 너무나 순수하고 맑은 영혼들이 모여 큰 소리로 하나님을 찬양하고 신나게 율동하며 즐겁게 웃는 웃음소리, 고사리 같은 두 손을 모아 기도드리고 함께 먹고 마시고 게임도 하며 행복한 시간을 가졌다. 그리고 예수님이 누구신지에 대해 알기 위해 두 귀를 쫑긋 세우고 선생님의 말씀에 귀를 기울여 듣고 성경 구절을 암송하기도 하며 성경퀴즈대회에 참가해 상도 타고… 그 시절이 참 아름답게 기억된다.

　그 시절을 생각하면 빙그레 미소가 지어진다. 또 지금은 생각도 못할 일이지만 내 어린 시절 여름성경학교 기간엔 어린이 새벽예배도 드렸다. 하루 세 번 새벽예배, 오전예배, 오후예배를 참석하면 매번 출석 도장을 받았고 마치는 날 마지막 예배시간에 한 번도 빠지지 않은 친구들에게는 상품도 주었다.

　당연히 나도 받았다. 나는 참으로 즐겁게 참여하였고 그 누구에게도 지지 않으려고 모든 활동에 욕심을 내어 참여하였던 것으로 기억된다. 나는 우리 형제 중에서도 조금 특별히 신앙생활을 하였다. 매주 수요예배와 모든 공 예배는 물론이거니와 부흥회를 해도 부모님을 따라 새벽예배와 모든 예배에 참석하는 열심을 가졌었다.

　성인이 되었을 때보다 영유아에서 청소년 시절까지 하나님 앞에 더 온전히 나를 드렸고 주님 앞에 나를 내려놓았던 것 같다. 이러한 나의 모습을 보시는 어른들은 "지영이는 영락없는 사모 감이야."라고 말씀을 하셨다. 너무나 많은 분이 이 말씀을 하셔서 이 말을 들을 때마다 나는 부담이 되었고 마음속으로 "난 못해, 싫어."를 얼마나 외쳤는지 모른다. 왜냐하면 금요 철야예배를 드리고 나서 사모님은 집에도 가지 않으시고 교회에서 무릎을 꿇고 엎드려 밤을 지새우다시피 눈물로 기도하는 모습을 보았고 또 교회에서 모든 궂은일은 거의 다 도맡아 하셨으며 모든 교인을 아우르는 모습을 보았기 때문이다.

어린 내가 보기에도 그러한 삶은 아무나 살 수 있는 것이 아니란 생각이 들었다. 혹 지금이라면 성숙한 신앙인의 모습으로 하나님을 바라보고 하나님의 뜻을 알기 위해 먼저 하나님 앞에 무릎을 꿇고 기도를 하였을 텐데 그 당시 어린 나로서는 그저 사모가 된다는 것은 힘들고 어려운 삶을 살아야 하는 것으로 눈에 비추어졌기에 하기 싫은 일이었고 그래서 거부하고 부정하였다. 하나님의 뜻을 물어 기도할 생각조차 하지 못했다. 인생의 모든 일은 하나님께서 인도하실 일인데 하나님의 생각을 여쭈어 보려고 하기보다 하나님 앞에서 내 생각을 더 주장하였다는 것을 이제야 깨닫게 되었다. 앞으로 결혼하게 된 이야기도 하겠지만 나는 결국 감리교 신학대학교에서 종교철학을 공부하고 다종교를 연구하며 신학을 하려고 계획하고 있는 사람과 결혼을 했다.

나의 생각, 나의 뜻과는 달리… 하나님을 믿는다 하면서도 진정 하나님의 주권을 인정하는 자가 별로 없음을 탄식하시는 하나님의 마음을 얼마 전 알게 하셨다. 믿음은 순종인데 하나님께서 말씀하시는 것에 과연 얼마만큼 순종하며 살았는지를 또 한 번 돌아보게 하셨다. 이제라도 깨닫게 하시는 하나님께 감사드린다. 우리는 하나님께서 우리에게 위탁하신 자녀들에게 올바른 신앙생활을 하도록 말씀으로 교육을 해야 할 의무와 책임이 있다. 하나님의 주권을 인정하고 매사에 기도하는 삶을 살아가도록 힘써 가르치는 자 되어 하나님을 기쁘시게 해 드리길 소망한다.

"사람이 마음으르 자기의 길을 계획 할지라도 그의 걸음을 인도하시는 이는 여호와시니라" (잠언 16:9)

"모든 성경은 하나님의 감동으로 된 것으로 교훈과 책망과 바르게 함과 의로 교육하기에 유익하니 이는 하나님의 사람으로 온전하게 하여 모든 선한 일을 행할 능력을 갖추게 하려 함이라" (디모데후서 3:16-17)

11 편.
부뚜막에 나란히 나란히

북한 황해도가 고향인 어머니는 6월 25일이 되면 북에 두고 온 부모님과 오빠를 생각하며 눈가에 눈물을 맺곤 하셨다. 학교 선생님이셨던 오빠가 내 어머니와 언니, 그리고 사촌언니와 사촌오빠를 챙겨 배에 태워 남한으로 보내고 내 어머니의 부모님과 오빠는 북에 남으셨다고 한다.

"곧 다시 만나자."라고 했던 오빠의 말이 아직도 귓가에 쟁쟁한데 영영 볼 수 없게 되었다고 말씀하셨다. 어머니는 그렇게 가족들과 생이별을 하고 남한으로 내려와 정착하고서 내 아버지를 만나 예수님을 영접하고 결혼하여 아버지와 함께 개척교회를 위해 힘써 헌신하셨다.

어머니는 오늘날 이렇게 고백하신다. "내가 그 당시엔 믿음도 별로 없고 그저 열심 하나로 일을 했지." 28세에 결혼하여 6년 동안 네 아이의 엄마가 되어 아이 돌보랴 부모님 모시랴 결혼하지 않은 시동생 챙기랴 교회 일하랴 너무나 힘든 시간을 보내셨다. 그래서 우리가 어린 시절에 아버지께서는 우리를 돌보고 집안일을 하는 두 언니를 붙여 엄마의 짐을 덜어 주셨다. 그래서 부모님은 두 언니로 하여금 낮에는 우리를 돌보고 집안일을 하게 하셨고 밤에는 야간 학교에서 공부를 할 수 있도록 도와주셨다.

삼촌이 신학을 마치고 결혼을 하시고 목사님이 되셔서 묵호에 있는 성결교회 담임목사로 가실 때 할머니께서는 그곳에 따라가셔서 삼촌이 자리 잡으실 때까지 몇 년 동안을 기도하시며 살림을 도와주셨다. 그리고 안정된 후 다시 상계동 우리 집으로 오셨는데 내 밑으로 갓난쟁이 여자 아기가 있는 것을 보시고 "얜 누구냐?" 하셨더란다. 셋째를 또 딸을 낳아 너무나 송구스러워 도저히 출산 소식을 알릴 수가 없어 그만 이런 해프닝이 벌어지고 만 것이다. 할머니의 서운해하시는 마음은 이루 말로 다 표현할 수 없으셨단다. 하지만 그 후 넷째인 막내아들을 낳자 남동생을 본 딸이라고 내 여동생을 무척 예뻐하셨다.

우리 형제가 자라 초등 저학년에서 유치원 연령에 이르게 되자 할머니께서는 직접 살림을 도우시겠다고 말씀하시고 우리 집에서 일하던 두 언니를 내보내자고 제안하셔서 어머니는 순종하셨고 모든 살림을 거의 혼자 도맡아 하시게 되었다. 내 어머니는 부모님을 모시는 동안 항상 말씀에 순종하셨고 남편을 하늘같이 여겨 섬겼으며 자신의 몸 상함을 생각지 않고 자녀들을 사랑하셨다. 항상 어머니는 주말이면 네 자녀의 흰 실내화를 하얗게 깨끗이 빨아서 부뚜막에 나란히 나란히 올려놓고 말렸는데 한번은 할머니가 보시고 "얘야, 자식들 그렇게 정성 들여 키워야 아무 소용없다. 딸들은 시집가면 그만이야."라고 하셨단다. 어머니는 그 말씀이 많이 서운하셨는지 내게 그 말씀을 종종 하셨다. 아! 지금 생각하면 왜 그때 어머니를 도와드리지 않았을까. 우리 엄마를 무쇠 팔 무쇠 다리 마징가젯트로 생각했던 것 같다.

내가 엄마가 되고 나니 이런저런 생각을 하게 되었다. 여덟 식구가 함께 살며 거의 어머니 혼자 살림을 해 오신 것은 정말 대단한 일이란 생각이 든다. 너무 힘이 드셔서 생긴 일일까? 언제부턴가 엄마의 목에 혹이 생겼다. 그런데 몇 년 만에 그 혹이 점점 자라나 주먹만큼의 크기가 되었다. 삶엔 크게 지장이 없었으나 눈에 띄게 보이니 어머니는 신경이 쓰이셔서 옷이나 스카프로 가리고 다니셨다. 또 하나님을 믿는 사람이 그러한 모습으로 다니니 덕이 안 된다고 생각하셨다.

그러던 어느 날 어머니는 혹이 더 크게 자라 감당하기 어려워 수술을 하기로 결심하였다. 아버지는 내심 기도로 고침 받기를 원하셨지만 어머니의 뜻을 존중해 주셨고 혜화동에 있는 서울대학교 병원에서 수술하기로 했다. 국소 마취 후 수술을 하고 바로 퇴원하는 방법과 전신 마취를 하고 며칠 입원하는 두 방법이 있었는데 어머니는 돌볼 식구들 걱정에 입원은 생각조차 하지도 못 하시고 전자를 택하셨다. 수술 당일 아침, 나는 학교 가기 전에 아버지와 어머니의 대화를 듣게 되었다. 아버지가 어머니와 함께 병원에 가실 상황이 못 되어 걱정하시며 혼자서 수술을 하고 집에 올 수 있겠느냐는 말씀이었다.

  그 당시 나는 성신여중 1학년이었다. 수업을 들으면서도 하루 종일 마음이 편치를 않았다. 그때는 연락할 수단이나 방법이 없었다. 나는 수업을 마치고 무작정 서울대학병원을 찾아갔다. 지금 생각하면 어떻게 그런 생각을 했는지 모르겠다. 이것은 분명 성령님의 인도하심이 아니었나 생각한다. 엄마와 난 정말 극적으로 만났다. 어머니가 마취에서 깨어나 집에 가려고 준비하고 계셨는데 어지럼증이 느껴져 잠시 의자에 앉아 쉬고 계셨던 것이었다. 엄마는 누군가가 엄마를 데리러 병원에 올 것이라고는 생각지도 못했는데 내가 엄마를 찾아간 일에 너무나 기뻐하셨고 나 또한 엄마의 기뻐하시는 모습을 보며 더없이 기뻐했다. 서로 행복한 마음으로 집에 올 수 있었다.

  이때의 일을 내가 결혼한 후에도 또 종종 말씀하시곤 하신다. 그런데 수술을 하고 얼마 안 되어 같은 자리에 또다시 더 크게 혹이 자라나 재발하게 되었다. 그래서 아버지와 어머니는 다시 서울대학병원에 담당 의사를 찾아가 상담을 했는데 의사 선생님께서는 국소마취로 수술을 하다 보니 덜 떼어내진 부분이 있어서 그러한 것 같다고 하시며 이번에는 입원을 하고 재수술을 하자고 제안하셨다. 그런데 처음 수술을 할 때와는 반대로 아버지는 입원을 하자고 하시고 어머니는 "나 수술 안 하겠어요." 단호하게 말씀을 하신 후 병원을 나오셨단다. 어머니는 지금 생각하면 어디서 그런 용기와 믿음이 나왔는지 알 수 없다고 말씀하신다. 그리고 어머니는 집안일을 할머니께 맡기고 오산리기도원에 들어가 하나님만 바라보고 물 한 모금 마시지 않고 열흘을 금식하며 기도하셨다.

  작정 기도를 마치고 내려오시는 날 어머니는 모든 것이 새롭게 보이더란다. 하늘을 보아도 들에 핀 꽃과 나무를 보아도 거리에 다니는 사람들을 바라보아도 모든 것이 다 아름답고 또 너무나 감사하고 기쁘고 행복하셨단다. 할머니는 어머니가 열흘 금식을 하고 힘없이 다 죽어가는 모습으로 기도원에서 내려 올 것으로 생각했는데 너무나 밝고 너무나 씩씩한 모습으로 집에 들어와 놀라셨다고 한다. 더 놀라운 일은 그 커다란 혹이 감쪽같이 사라졌다는 것이다. 할렐루~야!!! 신앙적 체험을 하고 나서 어머니는 열심만으로 하나님의 일을 하시던 모습에서 믿음으로 일하시는 모습으로 바뀌셨다고 고백하신다. 항상 감사가 입에 붙어 있는 어머니, 항상 순종이 몸에 배어있는 어머니, 또 어머니의 헌신적인 사랑의 모습을 보며 나 또한 감사와 순종, 사랑을 배웠다. 이제는 배운 것에 머물지 않고 실천하는 삶을 살고자 한다. 하나님께서 내게 선물로 주신 나의 귀한 보물, 나의 부모님! 사랑합니다. 축복합니다.

  "믿음은 바라는 것들의 실상이요 보이지 않는 것들의 증거니 선진들이 이로써 증거를 얻었느니라" (히브리서 11:1-2)

"믿음이 없이는 하나님을 기쁘시게 하지 못하나니 하나님께 나아가는 자는 반드시 그가 계신 것과 또한 그가 자기를 찾는 자들에게 상 주시는 이심을 믿어야 할지니라" (히브리서 11:6)

"항상 기뻐하라 쉬지 말고 기도하라 범사에 감사하라 이것이 그리스도 예수 안에서 너희를 향하신 하나님의 뜻이니라"
(데살로니가전서 5:16-18)

12편.
못 찾겠다 꾀꼬리

"**가**위, 바위, 보!!! 가위, 바위, 보!!! 야~~이겼다!!! 네가 술래야." 가위 바위 보를 해서 이긴 친구들은 숨을 준비를 하고 진 친구는 술래가 되어 벽을 바라보고 "꼭꼭 숨어라. 머리카락 보일라."를 열 번 외쳤다. 그동안 우리는 모두 모두 뿔뿔이 흩어져 이곳저곳에 머리카락이 보일세라 몸을 꼭꼭 숨겼다.

  나는 어느 곳에 숨을까 생각을 하며 두리번거리다 교회 마당 우측 끝 편에 있는 푸세식 화장실이 눈에 들어와 그곳을 향해 달렸다. 그리고 나는 얼른 뛰어들어가 문을 닫고 양다리를 벌려 밟는 나무판 두 곳 중 오른쪽 발을 디디는 발판에 몸을 옆으로 하여 서서 등을 벽에 붙였다. 그리고 코를 막고 숨을 죽이며 술래가 찾으러 다니는 밖에서 나는 소리에 귀를 기울였다. 술래는 "○○야~ 나와라. 찾았다." 하며 한 명, 두 명 찾아내기 시작했다. 조금 있으려니 술래가 내가 숨은 곳으로 다가오는 발소리가 들렸다. '이제 들켰구나.' 속으로 생각하면서도 숨을 죽이고 가만히 있었다. 그런데 이게 웬일인가? 술래가 문을 활짝 열어젖히더니 코를 막고는 "에이, 없잖아"하며 문을 다시 닫는 것이 아닌가! 나는 '이게 뭐지?' 하는 생각과 함께 웃음이 나와 참느라 정말 힘들었다. 갑자기 내가 투명인간이 된 느낌이었다. 술래가 "못 찾겠다. 꾀꼬리."를 외칠 때까지 나는 밖으로 나갈 수가 없어서 화장실 안에 한동안 갇혀 있어야 했다. 시간이 흐르자 결국은 찾기를 포기한 술래가 "못 찾겠다. 꾀꼬리."를 외쳤다.

드디어 나는 신선한 공기를 마실 수 있게 되었다. 화장실에서 문을 열고 밖으로 나오는 내 모습을 바라보는 술래와 친구들은 모두 깜짝 놀랐다. "어~ 내가 분명히 문을 열어 봤는데! 정말 아무도 없었는데." 술래는 믿을 수 없다는 표정을 지었다. 나 또한 열어보고 그냥 가는 모습이 이해가 안 되었다고 이야기를 하였다. 나는 성인이 되어 가끔 이때를 생각하며 「하나님께서 지켜주시고 보호해 주심이 바로 이러한 것인가, 나를 해하려는 자의 눈을 가려 주심이 바로 이런 것인가, 주님의 날개 아래 품어주시는 것이 바로 이러한 것인가」하고 생각하였다.

우리는 교회와 사택 사이에 있는 마당에서 이렇게 놀이를 하며 지냈다. 상계동에 살던 크고 예쁜 노란색 담장집을 팔고 전농동에 있는 샛별교회 내 사택이 있는 집으로 이사를 하여 성전을 수리하고 하나님의 집을 내집 같이 생각하여 섬기며 살 때의 일이다. 내가 초등2~4,5학년 때의 일로 기억한다. 마당에 있는 앵두나무에 앵두가 열리면 목사님 아들들과 우리, 또 교회 친구들이 함께 따서 먹기도 하고 숨바꼭질도 하고, 무궁화 꽃이 피었습니다 놀이도 하며 즐거운 시간을 보냈다.

　한 번은 마당에 핀 라일락 꽃 향기가 그윽하게 바람을 타고 내 코에 전해지는데 너무나 아름답게 느껴졌다. 그때 청년선생님이 "이 잎이 참 달다. 씹어봐."라고 하여서 잘근잘근 두어 번 씹었다가 엄청나게 쓴맛에 눈물을 흘리기도 하였다. 이 모든 일들이 지금은 내게 아름다운 추억으로 자리하고 있다. 당시 할아버지는 아침에 눈을 뜨시면 일어나 새벽기도를 드리기 전에 밖으로 나가 앞마당을 청소하셨다. 이곳에서 사는 날 동안 하루도 거르지를 않으셨다. 또 어머니는 강대상 청소를 맡아 하셨다. 아버지는 수요예배 때 말씀을 전하시기도 하셨다. 그리고 우리 네 남매는 하나님의 전 뜰에서 늘 놀이를 하였다.

　나는 하루하루가 정말 행복했다. 아버지는 경제통신사 물가부 부장으로 계시며 방송출연도 하셨다. 우리 네 남매와 가족 모두는 아버지를 자랑스럽게 생각하였다. 지금도 마찬가지로 존경하고 자랑스럽게 여긴다. 그런 아버지가 많이 편찮으셔서 회사에 나가지 못 하시는 일이 생겼다. 평소 신경성으로 예민한 성격에 신경 쓰시는 일을 하시다 보니 위궤양으로 고생을 하셨다고 한다. 한양대 병원에 가서 검사를 받고 약을 받아 오셔서 몇 개월을 잡수셨다. 우리 집 상황, 형편에 대해 전혀 말씀을 하시지 않아 아무것도 모르고 생활했었는데 이 시기가 우리 집에 첫 번째로 찾아온 어려움이었음을 나는 청소년이 된 나중에야 알게 되었다.

  어느 날인가. 어머니가 책을 판매하러 다니신다는 것을 알게 되었다. 나는 아버지가 아프셔서 병가를 내시고 경제적으로 어려워서 하시는 일인지도 모르고 그저 엄마가 일을 하시는 것이 내 마음에 자랑스럽게 생각되어져 동네방네 친구들에게 자랑을 하였던 생각이 난다. 할머니께서는 우리집 형편도 그렇고 마침 작은아버지께서 목회지를 묵호에서 춘천으로 옮기시게 되어 도움을 주시려고 그곳으로 가시겠다고 하였는데 얼마나 어려웠는지 보내드릴 차비와 경비를 마련하려고 텔레비전을 팔았다고 한다. 우리는 당시 공부하라고 텔레비전을 없애신 줄로만 알았다. 막내인 남동생은 보고 싶은 만화를 볼 수 없어 그 시간만 되면 목사님 집 앞마당을 왔다 갔다 하며 내심 형들이 불러 주기를 기다리기도 하였다. 아무튼 몇 개월간의 경제적 어려움으로 인해 우리집에는 이러한 많은 변화가 있었다. 얼마 후 아버지는 건강을 회복하시고 다시 회사에서 모시어 복귀하게 되었다. 어머니는 그 당시 일을 생각하며 너무나 힘드셨다고 고백하신다. 어머니가 책을 판매하러 이곳저곳을 다니셨을 생각을 하니 지금은 내 마음이 너무나도 아프다. 아버지가 어떠한 상황에서 화를 내시고 작은 잘못에도 종아리를 때리시며 너무나 엄하게 교육하실 때면 어린 마음에 "아버지만 없으면 우리 집이 평안할 텐데…" 하는 생각을 했었다. 그러나 지금은 우리 곁에 계심이 얼마나 고맙고 감사한지 모른다.

내가 나이가 들어 아버지의 자라온 환경과 상황에 대해 듣고 알게 되니 아버지를 이해하게 되었고 너무나도 마음이 아팠다. 아버지가 어린 나이에 전쟁을 겪으며 주검을 밟고 미아리 고개를 넘어 흑석동까지 걸어 다녔다는 말을 들었을 때는 눈물이 볼을 타고 흘러내렸다. 어린 나이에 얼마나 무서웠을까. 사실 전쟁을 겪고 나면 모든 사람이 정신과 치료를 받아야 한다고 들었다. 그런데 전혀 그러한 과정이 없이 살아오셨으니 정신적으로 너무나도 힘드셨을 것이란 생각이 들었다. 내가 어릴 적에 아버지는 내내 신경안정제 오이씨란 약을 잡수셨다.

    내가 약 심부름을 자주 했었기 때문에 기억한다. 내가 성인이 되어 결혼을 하고 시부모님과 함께 살며 과거 남편의 어린 시절 이야기를 듣다 보니 시아버지 또한 정신적 많은 스트레스와 신경성으로 고생하셨던 것을 알게 되었다. 그러면서 전쟁을 겪은 세대의 아픔을 조금이나마 이해하게 되었고 긍휼의 마음이 생겼으며 지난날 아버지를 미워했던 마음에 너무나도 죄송스럽고 마음이 아팠다. 그래도 하나님을 만나 하나님 안에서 치유되고 회복되어 복된 삶을 사신 것을 생각하면 하나님께 얼마나 감사한지 모른다. 모든 것이 하나님의 은혜이다. 지금은 친정 부모님과 시어머니가 내 곁에 계신다. 언제나 늘 나를 위해 기도하시고 먼저 챙겨 주시니 너무나 죄송하고 또 너무나 감사할 따름이다. 하나님께서 우리 양가 부모님의 영과 육 신원을 강건케 하시고 정신을 온전케 붙잡아 주시며 하늘의 지혜와 총명과 명철을 주시어 오래도록 우리 자녀와 함께 하시며 하나님 안에서 복된 삶을 사실 수 있길 두 손 모아 기도드린다. 나의 아빠, 엄마, 시 엄마!!! 사랑합니다. 축복합니다.

"주의 궁정에서의 한 날이 다른 곳에서의 천 날보다 나은즉 악인의 장막에 사는 것보다 내 하나님의 성전 문지기로 있는 것이 좋사오니 여호와 하나님은 해요 방패이시라. 여호와께서 은혜와 영화를 주시며 정직하게 행하는 자에게 좋은 것을 아끼지 아니하실 것임이니이다 만군의 여호와여 주께 의지하는 자는 복이 있나이다" (시편 84:10-12)

"나를 눈동자 같이 지키시고 주의 날개 그늘 아래에 감추사 내 앞에서 나를 압제하는 악인들과 나의 목숨을 노리는 원수들에게서 벗어나게 하소서" (시편 17:8-9)

13 편.
은행나무집

파아란 하늘 아래 넓은 들판을 뛰어다니며 놀던 그때가 그립다. 어느새 지천명 중반의 나이가 되어 뒤를 돌아보니 살아온 날들이 주마등처럼 지나간다. 내 어린 시절에도 힘들고 어려운 시기가 있었는데 그 당시 그것을 힘들고 어렵다고 생각지 않고 지낸 것은 은혜였다. 분명 부모님은 많이 힘드셨을 텐데 우리 형제들에게, 특히 나에게는 힘든 것을 내색하지 않으셨던 것 같다.

초등 5학년이 되었을 때 우리집은 교회 내에서 살던 집을 떠나 월곡동으로 이사를 했다. 태어나서 아파트란 곳에서 처음으로 살게 되었다. 좋은 곳이 아니었음에도 불구하고 난 그저 좋았다. 이사를 하고 얼마 되지 않아 할아버지께서 고혈압으로 쓰러지셨다. 그로 인해 몸이 부자유스럽게 되셔서 거동이 불편하셨다. 그 당시 엘리베이터가 있는 것이 아니라 계단으로 오르내려야 하는 아파트에서 살다 보니 더더군다나 할아버지가 이동하기에는 너무나 악조건이었다. 건강하실 때 손자 넷을 금이야 옥

이야 돌보시고 사랑해 주셨음에도 불구하고 어린 마음에 몸이 불편해지신 할아버지를 가까이하기에는 뭔가 모를 두려움이 있었나 보다. 모두 할아버지 옆에 잘 가려고 하지 않았다. 내 눈에 할아버지가 불쌍해 보였고 바라볼 때마다 너무나 다음이 아팠다. 그래서 나는 '나라도 할아버지를 돌봐 드려야지.' 하는 기특한 생각을 하였다. 그리고는 할아버지를 부축하여 이발소도 다녀오고 화장실도 모시고 가고 뉘어 드리기도 일으켜 드리기도 하고 식사하실 때마다 반찬도 수저에 올려드리고 이것저것 챙겨 드리며 자잘한 일들을 도와드렸다.

어느 날 할아버지께서 찬송가를 불러 달라 하시기에 "할아버지는 무슨 찬송을 제일 좋아해?" 하고 여쭈니 「주안에 있는 나에게」(그 당시 455장, 현재 370장)라 하셔서 나는 찬송가를 찾아 불러 드렸다. "1. 주 안에 있는 나에게 딴 근심 있으랴 십자가 밑에 나아가 내 짐을 풀었네. 2. 그 두려움이 변하여 내 기도 되었고 전날의 한숨 변하여 내 노래 되었네. 3. 내 주는 자비하셔서 늘 함께 계시고 내 궁핍함을 아시고 늘 채워주시네. 4. 내 주와 맺은 언약은 영 불변하시니 그 나라 가기까지는 늘 보호하시네. 후렴) 주님을 찬송하면서 할렐루야 할렐루야 내 앞길 멀고 험해도 나 주님만 따라 가리." 이 찬양 중에서도 2절이 참 좋다고 하시며 반복해서 불러 달라고 하셨다.

지금도 종종 길을 걷다가 이 찬양이 나도 모르게 내 입에서 불려질 때 2절 대목에서 할아버지의 모습이 떠올라 눈물이 주르

륵 흘러내린다. 너무나 천진난만한 모습이셨는데. 할아버지가 거동도 불편하시고 해서 아버지는 마당이 있는 집으로 이사를 했다. 잘은 몰라도 집에 무슨 문제가 있어 얼마 살지 않아 또다시 은행나무가 있는 바로 옆집으로 이사를 하게 되었다. 이 시기에 아버지께서 부르짖어 하나님께 기도하셨던 것으로 기억된다.

   저녁에 삼각산에 올라 밤을 지새워 기도하시고 아침에 내려오시고 하던 때 기도응답으로 받은 집이다. 할아버지는 이 집에서 2년 정도 사시고 돌아가실 무렵 아버지께서는 형님 집으로, 나의 큰아버지집으로 모셔서 그곳에서 임종하시도록 하셨다. 그리고 장례를 교회장으로 치르게 되었다. 매일 아침 하루도 거르지 않으시고 교회 마당을 청소하시며 아침과 저녁으로 교회를 둘러보시던 샛별교회 강단 아래에서 마지막 발인 예배를 드렸다. 어떠한 모습으로 하나님을 사랑하고 섬기든지 하나님은 기뻐하신다는 것을 이제야 깨닫는다.

   하나님을 사랑하는 할아버지의 마음을 하나님은 아셨고 기뻐 받으셨음을 우리 후손들에게 알게 하신다. 뒤늦게 하나님을 만나셨지만 아이와 같은 순수한 마음으로 하나님을 섬기시고 사랑하신 할아버지의 모습을 닮아 나도 남은 여생을 온전히 하나님만 바라보며 하나님의 이름을 높여 드리고 영화롭게 해 드리는 삶을 살기로 고백한다. 주님, 사랑합니다.

"너희가 내 안에 거하고 내 말이 너희 안에 거하면 무엇이든지 원하는 대로 구하라 그리하면 이루리라"(요한복음 15:7)

"예수께서 이르시되 내가 곧 길이요 진리요 생명이니 나로 말미암지 않고는 아버지께로 올 자가 없느니라"(요한복음 14:6)

14 편.
내가 못할 줄 알고?

　난생 처음 아파트라는 곳으로 이사를 하고 사는 중 할아버지께서 고혈압으로 쓰러지셔서 거동이 불편해져 계단을 오르내리시기가 힘들어 마당이 있는 집으로 이사를 했을 때의 일이다. 작은아버지께서 목회지를 옮기셔서 도움을 주고자 가셨던 할머니께서 할아버지의 손이 되어주시고자 다시 우리 집으로 오셨다. 어머니 혼자서 우리 일곱 식구를 챙기고 더군다나 할아버지 수발까지 해야 하니 너무나 버거우셨기 때문이기도 하다. 또 이 시기에 아버지도 건강이 좋지 않으셔서 출근을 못 하시는 날이 더 많아졌다. 위궤양으로 오랫동안 약을 잡수시고 회사도 휴직하셨다가 복직하셨는데 여전히 아니 더 심하게 아프셨다. 그런데다가 집을 사서 이사를 하였는데 잘은 몰라도 그 집에 무슨 문제가 있어 집이 넘어갈 수도 있는 상황, 다시 말해 우리가 길에 나 앉게 될 수도 있는 상황이었던 것 같다.

　지난 13편에서 잠깐 언급했었듯이 아버지는 이 시기에 아픈 몸을 이끌고 삼각산에 올라가 밤새 하나님께 부르짖어 기도하시고 아침에 내려오셨다. 그러던 12월 마지막 주에 아버지는 청천 벽력 같은 말씀을 하셨다. 1월 1일부터 3일간 기도원에 올라가 금식을 하고 오라는 것이다. 아버지는 가지 않으시면서 어머니에게 우리 세 자매만 데리고 가라고 명하셨다. 막내인 남동생은 아직 초등학교 저학년이었기에 조부모님과 함께 집에 있고 우리만 가라고 하신 것이다. 그것도 그냥 가는 것도 아니고 "금식"을 하라 명하셨다. 나뿐만 아니라 그 누구도 아버지가 무서워 그 앞에서는 말 한 마디도 못하고 속으로단 그리고 뒤에서만 궁얼거렸다. "아버지는 가지도 않으면서 왜 우리보고만 가라고 하지?"

드디어 1월 1일! 우리는 보따리 보따리를 짊어지고 한얼산 기도원으로 향했다. 가서 보니 금식을 하더라도 물은 마셔도 된다고 하였다. 그런데 나는 오기가 났다. "내가 못할 줄 알고?" 어머니와 언니, 동생은 물을 간간이 마시며 3일을 버텼는데 난 독하게 물 한 모금 마시지 않고 3일을 버텼다. 지금 생각하니 툴툴대며 기도원을 향해 출발하여 가는 내내 불평하고 기도원에 오른 기억, 오기와 끈기로 금식하며 3일을 버틴 기억, 그래도 내려올 땐 웃으며 기분좋게 내려온 기억은 있는데 내가 무슨 기도를 얼마만큼 드렸는지에 대한 기억은 전혀 없다. 자원하는 마음으로 하나님을 전심으로 찾고 부르짖어 기도하지 않았기 때문일까? 그저 마지못해 도살장에 끌려가는 소 마냥 억지로 올라가기는 했지만 당시 말씀과 기도로 받은 은혜가 있었고 또 오기로 버티어 금식하며 기도했다는 기쁨도 있었다. 부분적으로 하는 금식은 절기마다 해 보았지만 내 인생에 있어 온전히 한 금식은 그때가 처음이었다.

그 이후 난 친구들에게 3일간 물 한 모금 마시지 않고 금식하며 기도원에 다녀온 이야기를 자랑스럽게 말하였다. 지금 생각하니 이 얼마나 한심한가. 바리새인의 모습과도 같은 내 모습을 보게 된다. 그래도 하나님은 나의 그러한 모습까지도 사랑스럽게 여겨 주셨다는 생각을 하게 된다. 그 당시 많은 문제로 인해 힘들고 어려운 상황이었으나 우선 가장 큰 '집' 문제가 잘 해결되어 얼마 후 은행나무가 있는 바로 옆집으로 이사를 하게 되었다. 얼마나 좋으신 하나님이신가!!! 억지로 등 떠밀려서 하는 기도도 들어 주시는 하나님이신데 하물며 기쁨으로 나아가 하나님을 전심으로 찾고 찾으며 온 마음을 다해 하나님께 간절히 구하는 우리의 기도를 들어 주시지 않겠는가!

나는 이제야 알게 되었다. 나를 지으시고 택하시고 부르셔서 기도하게 하시는 하나님 아버지의 마음을!!! 내가 기도드릴 때 내 마음이 이렇게도 기쁜데 하물며 하나님 아버지의 마음은 얼마나 기쁘실까!!! 나의 남은 삶은 오직 하나님만 바라보며 겸손히 무릎 꿇어 기도드리는 삶을 살기로 하늘 내 아바 아버지 하나님께 기도로 나의 마음을 올려 드린다. 반드시 내 아바 아버지 만군의 주 여호와 하나님께서 우리에게 주신 언약의 말씀을 이루실 줄 믿는다. 할렐루~야!!!

"일을 행하시는 여호와, 그것을 만들며 성취하시는 여호와, 그의 이름을 여호와라 하는 이가 이와 같이 이르시도다. 너는 내게 부르짖으라. 내가 네게 응답하겠고 네가 알지 못하는 크고 은밀한 일을 네게 보이리라." (예레미야 33:2-3)

15 편.
괴로워도 슬퍼도 나는 안 울어

나는 오뚜기를 참 좋아한다. 밀어서 넘어뜨리면 곧바로 벌떡 일어서고 또다시 넘어뜨려도 또다시 힘차게 일어난다. 내가 언제 쓰러졌었냐는 표정이다. 항상 나를 보고 웃고 있었다. 때론 얄밉기도 하지만 한참을 쳐다보고 있노라면 절로 웃음이 나고 나 또한 따라 웃게 되었다. 내가 어릴 적엔 어느 집이나 텔레비전 위에 '못난이 삼형제' 인형이 거의 앉아 있었다. 귀여운 인형이긴 한데 우는 모습이 영 마음에 들지 않았다. 반면 '오뚜기' 인형은 항상 나를 행복하게 했다. '나도 오뚜기처럼 어떠한 상황에서도 항상 웃으며 일어서야지.' 이런 생각을 하게 했다. 또 내 인생에 있어 가장 힘들었던 시기인 중학교 시절에 '캔디'라는 만화를 했었다. 주인공인 캔디 또한 내 인생에 영향력을 미쳤으며 "괴로워도 슬퍼도 나는 안 울어 참고 참고 또 참지 울긴 왜 울어 웃으면서 달려보자 푸른들을 푸른 하늘 바라보며 노래하자 내 이름은 내 이름은 내 이름은 캔디" 주제가 또한 내게 영향력을 행사하였다. 캔디 대신 내 이름을 넣어 부르기도

했으니까... 그러면서 난 항상 밝게 생활하였다. 또 내가 힘들고 어려울 때면 성경 속 인물인 다니엘과 요셉, 그리고 욥을 생각하였다. 나에게 큰 위로가 되었고 힘이 되었다.

중학교에 입학하고 나는 차비를 아껴 용돈으로 쓰려고 종암동에서 돈암동 성신여자중학교까지 친구와 함께 걸어다녔다. 그러던 어느 날 등굣길에 교회 류한경 오빠를 만났는데 뒤에서 보니 내 발걸음이 가볍게 통통 튀는데 보는 자신이 너무나 기분이 좋았다 라고 말해 주었다. 그런데 그 말을 듣는 순간 나의 행동이 다른 사람을 기분좋게 한다는 사실이 나에게 신선한 충격이 되었고 그때로부터 지금까지 그 말을 마음에 새기고 생활하고 있다.

할아버지께서 돌아가시고 난 후 심장이 약하셨던 할머니에게 호흡곤란 증세가 자주 찾아왔다. 그러면 바로 병원으로 모시고 가서 산소호흡기를 사용해야만 했다. 그렇게 며칠을 병원에 계시다 상태가 호전되면 다시 집으로 오셨다. 정확히는 몰라도 산소통 하나의 값이 꽤나 비싸다고 들었다. 그 병원 비용을 아버지가 혼자서 감당하셨다.

그러던 어느 날 전두환 정권으로 바뀌면서 언론사에 근무하시던 아버지는 언론통폐합으로 하루아침에 그만 직장을 잃게 되었다. 그 당시 중3, 중1, 6학년, 4학년이었던 우리 네 형제에게 들어가는 비용과 할머니를 모시며 들어가는 병원 비용 등에 대해 지금에야 생각해 보니, 그 당시 아버지와 어머니가 얼마나 암담하셨을까… 하는 생각을 하게 된다. 하지만 그 당시에 부모님께서 어려움을 일일이 말씀하지 않으셨기에 힘든 상황임은 알았지만 공감하고 이해하려 하지 못했던 것 같다. 비용을 감당하며 생활을 하기 위해 어렵게 마련한 은행나무집을 팔고 종암동에 전셋집을 얻어서 또 이사를 하게 되었다.

그리고 언니가 희생양이 되었다. 언니는 예원중학교를 가려고 피아노 시험을 보았었는데 예상치도 못한 일이 벌어졌다. 떨어진 것이다. 그래서 동대문 여중을 다니게 되었고 우수한 성적으로 공부를 하였다. 그런데 언니가 고등학교 진학을 앞두고 있을 때 우리 집에 어려운 일들이 생겨 일반 고등학교에 진학하지 못하고 서울여자상업고등학교에 가게 된 것이다. 당시 반에서 1·2등, 전교 10등 안팎에 들어야만 진학할 수 있는 학교였다. 공부는 잘하나 가정 형편이 어려운 친구들이 입학하여 졸업 후 바로 취업하는 학교였다.

언니는 원치 않았으나 그 당시 우리 집 형편상 부득이 입학할 수밖에 없는 상황이었다. 그러다 보니 학교에 다니는 내내 항상 찡그리고 툴툴거리며 불평하는 모습이었다. 나는 그런 언니를 보며 안쓰러운 마음도 있었으나 '어차피 가게 된 것 즐겁게 생활하지' 하며 언니를 원망하는 마음 또한 들었다. 언니는 졸업 후 남들이 들어가고자 원해도 들어가기 어려운 삼성 본사에 입사하게 되었다. 그런데도 늘 만족함이 없었다. 본인이 꿈꾸던 것이 있는데 대학에 진학하지 못하고 1·2등을 다투던 친한 친구는 의사가 되었으니 그럴 만도 하다. 하지만 당시에는 언니를 이해하려는 마음보다 엄마에게 짜증을 부리는 언니를 보며 '나라면 안 그럴 텐데.' 하는 생각과 함께 엄마의 마음을 아프게 하는 언니를 마음속으로 미워하기도 했다.

할머니는 할아버지가 세상을 떠나신 후 1년이 지나 돌아가셨다. 끝까지 새벽기도 용사로서의 삶을 사셨고 돌아가시기 며칠 전 할아버지처럼 또 큰아버지 집에 모시어 그곳에서 돌아가시도록 하였다.

아버지와 어머니는 어려운 상황 속에서도 매일매일 온 가족과 함께 가정예배 드리는 것을 멈추지 않으셨고 쉬지 않고 부르짖어 기도하셨으며 끝까지 믿음을 지키셨다. 결국 아버지는 기도에 응답을 받아 다시 사회활동을 하시게 되었다. 또 신학교 시절 존경하던 이호빈 목사님의 일생을 담은 책을 집필하여 출간하기도 하셨다.

언니는 삼성에서 몇 년간 근무하다 결국은 직장을 그만두고 대학에 진학하여 피아노를 전공하였고 졸업 후 피아노 학원을 차려 주시겠다는 아버지의 말씀을 듣지 않고 자비량 선교사로 필리핀과 중국에서 선교사 자녀들을 가르치는 일을 하였다. 내 머리로는 도저히 이해할 수도 또 상상할 수도 없는 일이었다. 공주처럼 자란 언니가 좋지 않은 환경 속에서 기쁨으로 선교하는 모습을 보며 놀라움을 금치 못하였다. 오히려 나는 할 수 없을 것 같은데 말이다. 정말 하나님의 뜻을 우리의 머리로는 이해할 수 없고 헤아릴 수도 없음을 고백하지 않을 수 없다.

역경과 시련과 고난의 시간을 통해 하나님은 우리 가정에 더 좋은 것을 허락해 주셨다. 하지만 힘들었을 당시에는 '쉽게 할 수 없는 성전건축을 여러 차례 하시고 하나님을 위해 사신 아버지인데 왜 이러한 어려움이 있을까?' 하고 생각하기도 했었다. 그러나 하나님은 고난 뒤편에 축복이 있음을 보게 하셨다. 오늘날까지 부모님의 신원을 강건케 하시고 지금도 여전히 우리를 위해 기도로 중보해 주시며 맞벌이 부부인 남동생의 아들인 친손자 허 권을 말씀과 기도로 양육해 주신다. 우리네 남매 모두 하나님 안에서의 평안한 삶을 살게 하신다. 고난과 역경과 시련 가운데에는 반드시 하나님의 뜻이 있음을 알게 되었다. 부르짖어 기도하며 인내함으로써 견딜 때 하나님이 계획하신 일을 이루어 가시고 반드시 준비하신 복을 주시는 분이심을 믿어 의심치 않는다. 주님, 사랑합니다.

"그러나 내가 가는 길을 그가 아시나니 그가 나를 단련하신 후에는 내가 순금같이 되어 나오리라" (욥기 23:10)

"다만 이뿐 아니라 우리가 환난 중에도 즐거워하나니 이는 환난은 인내를, 인내는 연단을, 연단은 소망을 이루는 줄 앎이로다"
(로마서 5:3-4)

16 편.
"여자"로 만들어진 나

"모두 왁스와 걸레 준비해 왔죠?" "네에~" "자, 그럼 오늘은 복도를 청소하겠어요." 선생님께서 말씀을 마치시기가 무섭게 우리는 자리에서 일어나 복도로 나가 간격을 두고 줄을 맞추어 앉았다. 군데군데에서 볼멘소리가 흘러나온다. "우리가 청소부야? 왜 이런 걸 우리가 해야 해?" "맞아, 공부하기도 힘든데!" 그러면서도 왁스 뚜껑을 열고 걸레에 왁스를 묻힌 후 나무로 만들어진 복도를 윤이 나도록 박박 문질렀다. 또 매주 당번인 사람은 화장실 청소를 하였는데 그곳에서 밥을 먹을 수 있을 정도로 청결하게 청소를 하여야 했다. 비록 당시에는 하고 싶지 않은 일들이었지만 이러한 활동은 내게 인내심을 길러 주었고 청결에 대한 중요성을 깨닫게 해 주었다. 등교 시 용의검사를 철저히 함으로 단정하게 교복을 갖추어 입도록 하였고 머리 또한 보기좋게 깔끔하게 관리하도록 했다. 심지어 교실에서 불시에 소지품 및 속옷 착용까지도 검사하였다. 여자는 속옷을 잘 갖추어 입어야 하고 치마를 입을 때는 반드시 속바지를 입어야 한다고 가르치셨다. 단정하고 철저하게 자기관리를 해야 한다는 가르침 때문이었다.

　나는 중학교 입학하기 전까지 집에서 '왈가닥 루시'라는 별명을 달아 줄 정도로 활동적이었다. 웬만한 남자아이 못지않게 놀이를 하였다. 당시 주택에는 집 대문 밖 벽면에 시멘트로 만든 쓰레기통이 있었다. 당시 슈퍼맨 놀이가 유행하였는데 나도 어깨에 보자기를 두르고 그 쓰레기통 위에서 뛰어내리며 슈퍼맨 놀이를 하고 놀았다. 발차기, 태권도도 하고 거의 모든 운동을 다 즐겼다.

　그런 내가 성신여중 3년의 생활을 통해 '여자'로 변신했다. 아니, 여성스럽게 만들어졌다. 물론 사춘기 시기이기도 했으나 그 무엇보다 3년의 생활교육은 나의 생활 습관을 바꾸어 놓았을 뿐만 아니라 조신한 요조숙녀로 만들어 놓은 것이다. 또 둘째인 나는 평소 집에서 낀순이로 자라 눈치도 빠르고 어떻게 하면 인정을 받을 수 있을까를 연구하고 노력하며 자라온 터라 무엇보다 신앙생활을 최우선으로 하고 그 기질을 발휘하여 학교생활을 성실히 하였다. 또 인정의 욕구가 강했던 나는 습관처럼 나보다 상대방을 먼저 배려하였고 친구들의 고민도 들어주며 문제를 해결하기 위해 도움을 주고 또 종교교육을 받고 자란 만큼 예수님을 닮은 아이가 되려고 노력하면서 열심히 생활하였다. 그 결과 졸업을 할 때는 외부기관에서 주는 「선행상」을 받기도 하였다. 교육이 인간에게 미치는 영향력은 참으로 지대하다. 반복학습 또한 습관을 형성하게도 하고 습관을 변화시키기도 하며 인생의 진로, 방향을 결정하는데 큰 영향력을 행사한다. 인간이 만든 학문, 문화, 가치, 태도 등이 교육을 통해 인간을 만들어

가고 또 변화시키는데 하물며 인간을 창조하신 하나님께서 하나님의 감동으로 쓰게 하신 「성경」이야말로 '우리 삶의 지침서'가 아니겠는가?

하나님께서 우리 인간들에게 명하신 말씀대로, 삶의 지침서대로만 살아간다면 우리가 사는 이 땅이 지상낙원, 천국이 되지 않을까 하는 생각을 하게 된다. 우리를 지으신 하나님의 형상을 닮은 우리가 예수님의 성품을 닮아 살아간다면 어떠한 세상이 펼쳐질까? 상상만 해도 행복해진다.

"모든 성경은 하나님의 감동으로 된 것으로 교훈과 책망과 바르게 함과 의로 교육하기에 유익하니 이는 하나님의 사람으로 온전하게 하며 모든 선한 일을 행할 능력을 갖추게 하려 함이라."
(디모데후서 3:16-17)

"마땅히 행할 길을 아이에게 가르치라 그리하면 늙어도 그것을 떠나지 아니하리라" (잠언 22:6)

17편.
살아계신 하나님

책읽기를 싫어하고 글쓰기는 더더욱 싫어하던 내가「내 삶의 간증」을 이렇게 쓰고 있는 것은 상상조차 할 수 없는 일이다. 2013년 초에 하나님께서 글을 쓰라는 마음을 주셨는데 순종하지 않았다. 그러자 8월 교회 청년부 아웃리치를 다녀온 한 청년이 성극 대본을 쓴 것에 대한 간증을 듣게 하셨고 그 순간 "네가 하는 것이 아니라 내가 한다. 써라."라고 말씀하셔서 너무나도 놀랐다. 그럼에도 불구하고 약 8개월 동안을 순종치 못하고 있다가 2014년 5월 예배를 드리는 중 강하게 마음을 주시어 하나님의 도우심을 구하고 순종하여 기도하며 한주 한편씩 써 내려갔다.

지난 16편에서 중학교 졸업식 날 받았던 상에 대해 언급했는데 글을 쓰는 중 정확히 상을 준 출처가 생각나지 않아 마음이 영 불편했다. 몇 주 전부터 초등밴드에 공고되었던 초등학교 동창모임이 2014년 9월 19일에 있었다. 그동안 한 번도 나가지 않았던 초등학교 동창 모임인데 왠지 자꾸 나가야 할 것 같은 마음이 들었다.

2013년 가을부터 하나님께서 내게 새벽마다 주시는 곡으로 찬양

곡을 만들고 있는데 피아노도 배우지 않은 나로서는 음악적 지식이 짧아 도저히 혼자 작업할 수 없어 "나를 도울 수 있는 사람을 붙여주세요."라고 기도를 드렸다. 그런데 정말 신기하게도 하나님께서는 백석예술대학교 음악과 교수님에 이어 실력있는 오르가니스트를 붙여 주셨다. 그래서 그 분들의 도움을 받아 곡을 완성하게 하셨다. 어느 날 오르가니스트를 만나 찬양 2곡을 완성하고 난 후 동창회 참석에 대한 나의 마음을 이야기했다. 그러자 내게 "저는 그런 마음이 들 땐 나가요. 그러면 뭔가 하나님의 인도하심이 있더라구요."하는 것이 아닌가. 난 이 말을 듣고 동창 모임에 나가기로 결단하고 시간이 늦었음에도 동창회 장소를 향해 발걸음을 재촉하였다.

도착하니 9시. 분당에서 온 친구가 길을 찾아 헤매다 9시가 넘어 도착하였다. 함께 늦은 저녁을 먹었다. 2차 노래방으로 이동을 한다기에 난 그냥 집에 가려는데 한 친구가 커피를 마시자고 제안하여 몇몇 친구와 함께 커피점에서 이야기를 나누게 되었다. 대화 중 늦게 도착한 분당에서 온 친구 이주가 "며칠 전 중학교 졸업 앨범을 보게 되었어. 그런데 앨범 뒤에 졸업 식순이 끼워져 있더라구. 거기 시상자 명단에 허지영 네 이름이 있더라. 보면서 네 생각이 나고 궁금했는데 이렇게 만나서 반가워." 나는 순간 깜짝 놀랐다. 마침 일주일 동안 그 상에 대해 궁금증을 품고 있었던 터라 그 말을 들으니 너무나 기뻤다. 나는 자초지종을 이야기하고 그 상을 어디서 준 것인지 알려 달라고 부탁하였고 내일 사진을 찍어 보내주겠다는 약속을 받았다.

너무나 놀랍다. 초등학교 동창회에 와서 중학교 졸업식 이야기를 듣게 되고 알고자 했던 정보를 얻게 되니 이 얼마나 놀라운 일인가! 더 놀라운 것은 대화 중 알게 된 사실인데 함께 이야기 나눈 다섯 친구 모두가 다 하나님을 믿고 또 피아노 반주자로, 남성중창단 찬양 사역자로 또 전도 관련 사역으로 하나님의 일을 하는 친구라는 사실이다. 이 모든 일이 우연일까? 절대 우연일 수 없음을, 모든 일이 하나님의 섭리임을 나는 믿는다.

　드디어 하루가 지난 오늘 새벽예배를 마치고 문자가 온 것을 확인할 수 있었다. 나는 또 한 번 놀라지 않을 수 없었다. 상을 준 출처는 다름 아닌 「기독교 대한 감리회 총리원 여선교회장상」이었다. 그 당시도 그랬고 지금도 내가 왜 그곳으로부터 상을 받았는지 의아하기만 하다. 지금 이 순간 뇌리를 스치고 지나간다.

　'아! 오늘날 있을 일에 대해 하나님은 이미 모든 것을 다 아시고 계셨구나! 글을 쓰는 것이 내가 아니라 하나님께서 하신다고 말씀하신대로 이루어 가시는 구나.' 한 치의 오차도 없으신 나의 주 하나님! 할 수 없는 자로 하게 하시는 능력의 하나님! 사람을 사용하사 일을 하시는 하나님! 모든 것을 다 알고 계시는 전지전능하신 하나님! 할렐루야!!! 나의 가는 길과 걸음을 인도하시는 하나님께 감사와 찬송과 영광을 올려 드린다. 앞으로의 내 삶을 통해 역사하실 하나님을 또한 소망 중 기대한다. 세세한 부분까지 관여하시고 주관하시는 만군의 주 여호와 하나님, 살아계시는 하나님! 내가 주님을 사랑하나이다.

"너희에게는 머리털까지 다 세신 바 되었나니" (마태복음 10:30)

"여호와여 주께서 나를 살펴보셨으므로 주께서 나를 아시나이다 주께서 내가 앉고 일어섬을 아시고 멀리서도 나의 생각을 밝히 아시오며" (시편 139:1-2)

18 편.
부모님의 하나님에서 나의 하나님으로

초등학교를 졸업하고 짧은 단발머리에 하얀 칼라를 단 검정 교복을 입은 풋풋한 여중생이 되어 3년의 시간을 훌쩍 보내며 고등학교 진학을 위해 「체력장」이라는 관문을 거치게 되었다. 체육을 좋아하든 좋아하지 않든 개인의 의사와는 상관없이 누구나가 다 해야만 하는 과정이었다. 내 언니의 경우는 체육이 유일하게 점수를 깎아 먹는 활동이라 늘 불만이었다. 그나마 나는 체육활동을 즐거워하였기에 체력장이 크게 문제가 되지는 않았으나 내게도 한가지 문제가 있었다.

손목이 유난히 가늘고 힘이 없던 난, 손으로 하는 종목에 자신이 없었다. '멀리 던지기'와 '매달리기' 그렇지만 점수를 깎이는 것이 싫고 또 친구들 보다 못하는 것이 싫어 악착같이 연습을 했고 실전에 임했다. 그 결과 체력장은 만점! 하지만 탈이 나고 말았다. 왼쪽 손목이 욱신욱신 아팠다. 몇 날 며칠 동안 그렇게 기분 나쁘게 쑤시고 아프더니 어느 날 작은 팥알만 한 크기의 무엇인가가 생겼다. 오른손 손가락으로 만지면 왔다 갔다 약간 움직이는 느낌이었다. 그 와중에 고등학교에 입학하게 되었다. 그다지 크지도 않고 아프지도 않아 신경 쓰지 않고 있었는데 이것이 몇 개월 사이에 점점 커져서 툭 튀어 올라왔다.

고등학교에 진학한 후 1년 동안 손목에 생긴 정체모를 혹은 점점 더 크게 자라 대추알 크기 정도가 되었다. 2학년 봄 어느 날 생물수업 시간이었다. 선생님께서 칠판에 기록한 내용을 노트에 적으라고 하시고 교실을 거니시다 내 자리 옆을 지나시며 필기하고 있던 나의 손을 보시고 깜짝 놀라셔서 왜 그러냐고 물으셨다. 체력장 이후에 생긴 것이라 말씀드렸더니 빨리 병원에 가라고 하셨다.

1983년. 그 당시 "암" 발병률이 높아져 염려하셨던 것으로 기억한다. 그간 갖지 않았던 감정이 생겼다. 나는 두렵고 떨렸다. "빨리 병원에 가라."하신 선생님의 말씀이 내 귓가에서 떠나질 않았다. 며칠 동안 고민을 하다가 결국 나는 부모님께 수술에 대한 말씀을 드렸다. 아버지께서는 "기도하라는 뜻"이라며 기도하기를 권하셨다. 하지만 사춘기 소녀인 나는 아버지의 말씀에 불순종하고 청량리에 있는 성바오로병원에서 수술을 받게 되었다. 결과가 나왔다. 의사 선생님께서 "떼어낸 것은 물혹이고 99.9% 완치. 다시 생길 가능성은 없습니다. 안심하셔도 됩니다."라고 말씀하셨다. 나는 뛸 듯이 기뻤다. 내 몸의 일부분으로 함께 했던 혹이지만 사라지고 나니 얼마나 행복하던지. 하지만 그 기쁨도 잠깐이었다. 몇 개월 만에 또다시 같은 자리에서 쏙쏙 하는 통증이 느껴지면서 혹이 생겼고 수술하기 이전보다도 더 크게 자라났다. 게다가 신경을 눌러 찌릿찌릿한 느낌까지 있었다.

  남녀공학이었던 나는 혹시나 누가 볼까 부끄럽고 창피하기도 하고 찌릿찌릿한 통증에 항상 오른손으로 왼쪽 손목을 감싸 쥐고 다녔다. 나는 아버지의 권유에 순종하지 않고 수술한 것에 대한 후회와 함께 하나님께 회개의 기도를 드렸다. 아무런 변화가 없이 여름이 가고 가을이 가고 겨울이 되었다. 3학년으로 진급하기 전 봄방학을 맞아 친구와 함께 '벤허'라는 영화를 보러 가게 되었다. 영화 끝부분에 예수님께서 십자가에 못 박혀 돌아가시는 장면과 함께 휘장이 찢어지고 천둥 번개와 함께 비가 내리며 나병 환자들이 깨끗이 낫는 장면이 나오는 순간 나는 습관처럼 오른손으로 혹이 난 왼손의 손목을 잡고 있었다. 그 상태에서 나는 순간 기도를 드렸다. "하나님, 저도 저 문둥병자들처럼 이 손목의 혹을 낫게 해 주세요. 그러면 평생 하나님을 전하고 증거하면서 살겠습니다." 영화를 다 보고 나오며 손목을 보았는데 여전히 혹은 그 자리에 그대로 있었다.

  그날 밤 씻고 잠자리에 들 때도 여전히 그대로였다. 다음 날 아침 나는 일찍 눈이 떠져 거실에 나와 쇼파에 앉아 여느 날처럼 손목을 바라보며 한숨을 내 쉬었다. 그런데 아니…! 내 눈을 의심하였다. 눈을 비비고 다시 손목을 쳐다보았다. 이게 웬일인가!!! 밤알 크기의 혹이 사라진 것이 아닌가!!! 나는 아직 일어나지도 않으신 아버지, 어머니를 부르며 방으로 뛰어들어갔다. 두 눈에서는 주최 할 수 없는 눈물이 볼을 타고 계속 줄줄 흘러내렸다. 눈물을 닦지도 못한 채 나는 내 손목을 보이며 "없어졌어. 없어졌어."란 말만 연발하고 그 이상의 말을 잇지 못하였다.

　잠시 시간이 흐르고 내 마음이 안정된 후 자초지종을 말씀드렸다. 그리고 함께 하나님께 감사의 기도를 드렸다. 나는 이 일을 통해 앉은뱅이가 일어나고 눈먼 소경이 눈을 뜨며 혈루병에 걸린 여인이 나음을 입고 문둥병자가 깨끗함을 입었을 때의 기쁨을 맛보게 되었다. 그리고 그 이후 나는 만나는 사람들에게 이 일을 전하고 증거 하면서 생활하였다. 그렇게 몇 해를 보내며 하나님이 내게 하신 치유의 일을 전하는 것에 점차 게으르게 되었다. 그러자 어느 날 수술하였던 손목이 또다시 쏙쏙 하며 그 자리에 처음처럼 작은 알갱이가 또 생기는 것이 아닌가. 나는 그 순간 바로 하나님께 회개기도를 드렸다. 그리고 또다시 만나는 모든 사람에게 하나님께서 행하신 일을 전하고 증거하는 일을 오늘날까지 쉬지 아니하고 있다.

　그 이후 다시 생기려던 작은 혹이 사라지고 지금까지 재발하지 않고 건강하게 생활하고 있다. 단, 수술 자국은 없어지지 않고 있다. 모태신앙으로 그간 부모님의 하나님을 믿었었는데 이 일을 계기로 부모님의 하나님에서 나 허지영의 하나님으로 된 증표로 남겨 두신 것이다. 손목을 볼 때마다 하나님을 기억하게 하셨다. 나와 함께 하시는 하나님, 능치 못함이 없으신 하나님,

천지의 창조주요 우주만물을 다스리시는 하나님. 그 하나님이 나의 아바 아버지 하나님이심을 고백하게 하신다. 나의 아바 아버지 하나님, 내가 온 맘 다해 하나님 아버지를 사랑하나이다.
　아멘. 아멘. 아멘. 할렐루~야!!!

　"이르시되 너희가 너희 하나님 나 여호와의 말을 들어 순종하고 내가 보기에 의를 행하며 내 계명에 귀를 기울이며 내 모든 규례를 지키면 내가 애굽 사람에게 내린 모든 질병 중 하나도 너희에게 내리지 아니하리니 나는 너희를 치료하는 여호와임이라"(출애굽기 15:26)

　"내 이름을 경외하는 너희에게는 공의로운 해가 떠올라서 치료하는 광선을 비추리니 너희가 나가서 외양간에서 나온 송아지 같이 뛰리라"(말라기 4:2)

19 편.
나를 지켜주신 하나님

내 삶에 있어 우리 집에 찾아왔던 경제적 위기, 가장 힘들었던 중학교 전후의 시기를 보내며 하나님께서 행하시는 일들을 보았다. 하나님의 은혜로 다시금 경제력이 회복되고 우리 가족은 다시 한 번 종암동 한옥에서 월곡등 동덕여대 뒤편에 있는 양옥집으로 이사를 하였다.

내가 고2 되던 해로 기억한다. 바로 이 집에서 '부모님의 하나님이 나의 하나님으로' 된 체험을 하였다. 손목에 있던 혹 때문에 나는 다른 형제들보다 더 하나님을 가까이했던 것 같다. 이사한 후 집에서 가까이에 있는 교회로 매일은 아니어도 엄마와 함께 새벽예배를 드리러 다녔고 또 매주 토요일마다 북악터널을 지나 삼각산 기도원 '토요 은사집회'에 부모님과 함께 올라가 예배를 드렸다. 차정철 목사님께서 전하시는 설교 말씀을 듣고 찬양을 목청껏 부르며 흐르는 뜨거운 눈물의 기도와 함께 내 몸이 뜨거워지는 경험을 자주 하였다. 그런데 이 당시 '성령님'에 대해 알지 못하였었다. 그저 성부, 성자, 성령이 삼위일체란 정도만 알 뿐이었고 방언 또한 믿음이 없는 사람에게 믿음을 주시기 위해 주시는 것이라 알고 있어 사모하지도 않았고 혀가 마음대로 움직이며 이상한 소리가 나오면 입을 닫아버렸었다. 오히려 초등학교 시절 부흥회 때 '랄랄라' 방언에 대해 흥미를 느끼고 아무 생각 없이 따라 해 본 적이 있었다. 그러다 사라졌지만. 종암동에 있는 서울대학교 사범대학 부속 고등학교에 다니던 나는 동덕여대 뒤로 이사를 한 후 거리가 좀 더 멀어졌다.

  차를 타면 큰 길로 돌아서 가고 내려서는 학교까지 또 걸어야 했는데 그 거리를 따지면 차라리 지름길로 걸어서 등교하는 것이 더 빨라 아침에는 걸어가고 학교 도서관에서 공부하고 밤늦게 귀가 시에는 버스를 탔다. 정류장에서 내려 신호등 건널목을 건너서 직진, 조계종 절의 담장을 따라 걸어 종근당 회사 앞을 지나 언덕 위 동덕여대 정문을 우측으로 끼고 살짝 경사가 진 길을 내려가서 정면에 있는 골목으로 들어가면 맨 끝 막다른 집이 우리 집이었다. 밤에는 가로등도 많이 없어 간간이 있는 빛에 의존해 걸어야 했다. 나는 세상에서 무서울 것이 없다고 자부했었는데 '전설의 고향' 프로그램을 즐겨 시청한 탓에 밤에 이 길을 걷노라면 무서운 마음이 들었다. 그래서 이때 습관이 하나 생겼다. 밤 귀가 시 인적이 드물어 큰 소리로 찬양을 부르며 걷기도 하고 시편 23편을 암송하면서 걸어 다니는 습관이 바로 그것이다.

  그러던 고3 시절 어느 날이었다. 정류장에서 내려서부터 절

벽면에까지 주~욱 연꽃 등이 매달려 있었으니 석가탄신일 전이었던 것으로 기억한다. 학교 도서관에서 공부를 마치고 밤 11시에 나와 여느 때와 마찬가지로 귀가하며 버스에서 친구들과 종알종알 수다를 떨고 집 정류장에 내려서부터 혼자 말씀을 암송하고 찬송을 하며 걸어가고 있었다. 조계종 벽면이 끝나고 종근당 회사 정문쯤 도착했을 때였다. 종근당 정문과 마주 보는 골목에서 한 남자가 나오며 "학생! 이리 좀 와 봐. 난 경찰인데." 하는 것이 아닌가. 난 순간 놀라 "네에?" 하고 대답을 하며 눈을 크게 뜨고 쳐다보았다. 경찰복 차림이 아닌 사복 차림의 남자였다.

그 순간 내 머리에서 "뒤로 돌아 뛰어." 하는 명령을 내렸다. 난 즉시 내 머리가 명령하는 대로 한 치의 망설임 없이 바로 뒤로 돌아 뛰어서 들어온 길로 내려와 큰길에 있는 슈퍼로 뛰어들어갔다. (지금도 그 자리에 그대로 슈퍼가 있다.) 그리고 나는 자초지종을 이야기한 후 집에 전화를 걸 동전을 빌려 나왔다. 그리고는 주변을 두리번거리며 살폈는데 이상한 사람이 보이지 않았다. 나는 슈퍼 대각선에 있는 공중전화 박스로 재빠르게 걸어갔다. 그리고 집에 전화를 걸었는데 심장과 손이 너무 떨려 번호를 어떻게 눌렀는지 기억이 나질 않았다. 아버지가 전화를 받으셨다. 상황을 이야기하자 "데리러 나갈 테니 그 자리에 그대로 있어." 라고 하시는 그 순간 내가 고개를 돌렸는데 전화 부스 밖에서 나를 쳐다보고 있는 것이 아닌가…!

나는 "악~~~!!!"하고 소리를 지르고 말았다. 그러자 그 남자는 어디론가 사라졌다. 너무나 무섭고 떨려 전화 부스 안에서 나오지도 못하고 문을 꼭 부여잡고 있었다. 사람들이 지나다니고 환한 사거리였기에 다행히 나를 어찌지 못했던 것 같다.

나는 아버지가 오실 때까지 떨리는 몸과 마음으로 얼음이 된 듯 굳어 있었다. 살아오면서 시간이 그렇게 길게 느껴져 본 적이 없던 것 같다. 드디어 아버지가 오셨다. 전화로 딸의 비명을 듣고 얼마나 급하게 달려 나오셨는지 양쪽 발엔 서로 다른 신발이 신겨져 있었다. "괜찮어?... 그 놈 어디로 갔어!" 내 어깨를 감싸 주시며 주변을 살피셨다. 나는 아버지께 너무나 죄송하고 또 얼마나 고맙고 감사하던지 아버지를 보는 순간 눈물이 왈칵 쏟아졌다. 그것도 잠시. "그러게 집에서 공부하라니까 왜 꼭 이 늦은 시간까지 학교에서 공부하려고 하니?" 천둥이 치고 말았다.

나는 그 날로부터 「도서관 이용 금지령」을 받아 수업을 마치면 바로 귀가하여 집에서 공부하였다. 약 한 달이 지날 때쯤 아버지의 마음을 돌려 다시 도서관을 이용하였다. 나는 이 사건으로 내 아버지의 사랑을 확인할 수 있었다. 대쪽 같고 엄하신 아버지로만 알았는데 아버지의 마음은 한없는 사랑으로 가득하셨다. 이 일 이후 아버지와 난 더 많은 대화를 나누고 마음속 깊은 생각, 고민까지도 공유하게 되었다. 또 한 가지, 하늘에 계신 나의 아바 아버지의 한량없는 그 크신 사랑, 측량할 수 없는 그 사랑을 깨달아 알았다. 언제나 나를 지키시고 보호해 주시며 나와 함께하시는 나의 하나님, 나의 목자 되시는 내 하나님, 푸른 초장으로 날 인도하시는 내 하나님임을 확신하게 되었다.

　나를 지으시고 내 길을 인도하시며 내 삶을 책임져 주시는 하늘에 계신 영적 나의 아바 아버지 하나님이 나와 늘 함께하시니 나 두려움 없고, 나를 하나님께 선물로 위탁받으셔서 말씀으로 양육해 주시고 기도로 든든하게 후원해 주시는 육신의 아버지가 내 곁에 계시니 너무나 행복하다.

　"항상 나를 지켜 보호하여 주시고 시시때때로 지혜를 주시어 깨닫게 하시며 말씀으로 알려 주시는 하나님 아버지, 무한 감사합니다. 하나님의 말씀에 늘 민감하게 반응하게 하시고 순종하게 하옵소서. 예수님 이름으로 기도드립니다. 아멘. 내가 주님을 사랑하나이다. 할렐루~야!!!"

시편 23편
1. 여호와는 나의 목자시니 내게 부족함이 없으리로다
2. 그가 나를 푸른 풀밭에 누이시며 쉴만한 물가로 인도하시는도다
3. 내 영혼을 소생시키시고 자기 이름을 위하여 의의 길로 인도하시는도다
4. 내가 사망의 음침한 골짜기로 다닐지라도 해를 두려워하지 않을 것은 주께서 나와 함께 하심이라 주의 지팡이와

막대기가 나를 안위하시나이다
5. 주께서 내 원수의 목전에서 내게 상을 차려 주시고 기름을 내 머리에 부으셨으니 내 잔이 넘치나이다
6. 내 평생에 선하심과 인자하심이 반드시 나를 따르리니 내가 여호와의 집에 영원히 살리로다 (시편 23:1-6)

20 편.

합력하여 선을 이루시는 하나님

"**애**들아, 모두도두 모여라~!!!" 어린 시절에 동네 골목대장 역할을 하며 동네의 친구, 동생 심지어 한두 살 더 많은 언니 오빠들까지도 모아 앞에 앉혀 놓고 선생님 역할을 하며 학교놀이를 하였던 나. 할머니께서는 항상 내게 물찬 제비(몸매가 날씬하고 아름다운 사람을 비유로 말하는 우리말) 같다는 말씀과 함께 어린 시절 내 모습에 대해 회상해 볼 수 있도록 내가 성장한 이후에 위와 같은 상황에 대해 말씀해 주시곤 하셨다. 초등 1학년 입학을 하고 얼마 안 되어 언니가 외우는 구구단을 따라 하다가 구구단 문제를 내신 작은아버지 질문에 답변을 못하자 꿀밤을 한 대 놓으시며 장난삼아 한 한마디의 말씀 "구구단 그것도 못 외워?" 때문에, 또 언니와 비교되는 말로 인해 공부에 흥미를 잃게 되었고 심지어 수학을 싫어하게 되었다. 초등 3,4학년 때 선생님으로 인해 자존감을 회복하였으나 여전히 공부하기를 좋아하지 않았다. 기본 실력으로 중간 이상 정도만 유지하였다.

중학교 입학 후 공부에 대한 중요성을 인식하고 공부를 하려니 기초가 딸려 공부에 많은 어려움을 겪었고 내가 좋아하는 과목에만 집중하게 되었다. 중학교 졸업 후 고등학교에 진학하니 당장 내 앞의 진로에 대한 생각과 함께 공부에 대한 중요성이 더 명확해졌다. 그리고는 이전의 삶에 대해 후회를 하게 되었다. 그렇다고 달라질 것은 아무것도 없는 것이 현실이다. 적기성. '인간의 발달과업에는 발달하기에 가장 적절한 시기(critical period) 가 있어서 그 시기에 그 발달과업이 이루어지지 못하면 다음 발달에 지장을 초래하게 된다.' 인간의 발달 단계에도 또 무슨 일을 함에 있어서든지 다 '적절한 때'가 있다는 것을 대학에서 유아교육을 전공하며 피아제의 발달단계이론을 통해 깨닫게 되었다. 왜 미리 구구단을 외우다가 질책을 받았는지. 또 '불가역성'에 대해서도 뼈저리게 공감하였다. '한 발달 단계에서 다음 발달 단계로 진전될 때, 그리고 그 단계가 진정으로 질적(質的)인 것일 때에 이 진전은 불가역한 것으로 생각된다. 발달의 진전이 일단 이루어지면 전 단계에로의 퇴행(退行)은 일어나지 않을 것이며 개체는 새로운 단계에 머물거나 보다 높은 단계로 발달하게 될 것이다.'(백과사전 참조)

그 '때(時)'가 지나가 버리면 다시는 돌이킬 수 없다는 사실이다. 고등학교 시절에 그동안 부족했던 것을 따라잡기 위해 남들 몇 배로 최선을 다해 노력하였다. 그러니 얼마나 힘이 들었겠는가. 남들이 다 하는 과외 한 번 안 하고 자란 우리 4남매. 그중

중간에 낀순이로 상처가 많았던 나와 내 여동생만 학교 성적이 조금 부족하였다. 그렇지만 나는 꿈을 이루기 위해 최선을 다하였다. 어린 시절부터 선생님이 꿈이었던 나는 구체적으로 진로를 결정하기 위해 고민을 하던 어느 날 「어린왕자」란 책을 읽고 난 후 유아교육자가 되기로 결정하게 되었다.

물론 부모님과 대화하며 받은 영향도 있었다. 대학 입시 후 중앙대학교 유아교육학과를 지원하였다. 마음을 놓을 수 있는 안정권에 속한 지원이 아니어서 나는 불안해하며 면접을 보러 갔다. 정문을 통과하는 순간 '내가 4년 동안 장학금을 받으며 이 학교에서 공부할 수 있을까?'란 생각이 들었다. 4남매인 우리는 연년생, 2년 터울이기 때문에 난 스스로 대학에서 장학금을 받으며 공부를 해야겠다고 생각하였다. 그런데 이 해에 정치적으로 영, 유아 보육 및 교육사업을 장려하던 시기이어서인지 40명 정원 모집에 정확치는 않지만 약 17:1 정도의 엄청난 경쟁률로 유아교육학과 지원이 인기가 있었던 것으로 기억된다.

결국 불안한 마음처럼 난 낙방을 하였고 그 후 후기 유아교육학과가 있는 학교를 찾아 직접 가서 학교를 둘러보았다. 몇 곳 되지 않았고 또 도두가 여자대학이었다. 나는 여대에는 가고 싶지 않았다. 그래서 더 알아보던 중 전신 중앙신학고였다가 4년제 종합대학으로 된 현 강남대학교에 지원하였다. '차라리 4년 장학금을 받을 수 있는 곳으로 낮춰서 가자.' 마음을 먹게 되었다. '어디서 공부를 하면 어떠하랴, 나만 잘하면 되지.'란 생각으로 지원하여 4년 동안 장학금을 받으며 최선을 다해 즐겁고 행복한 대학생활을 하게 되었다. 「정직과 성실로 식물을 삼으라」는 말씀에 따라 공부를 해서 비록 졸업 시엔 수석의 자리를 놓쳤지만 말이다.

내 삶의 과정 과정을 뒤돌아보면, 당장에는 기뻐 보이지 않았지만 매 순간 합력하여 선을 이루신 하나님의 인도하심을 느끼며 감사하게 된다. 하루하루의 삶을 살며 감사하고 후회함 없도록 최선을 다하는 허지영이 되려고 매일매일 노력한다. 내가 온전히 하나님 안에서의 삶을 살기 전에는 나의 노력으로 되는 줄로만 알았는데 나를 완전히 내려놓고 내 삶의 주인으로 모셔 내 안에 예수 그리스도께서 사시고 나와 늘 동행해 주시니 나의 노력으로만이 아닌 하나님의 도우심과 하나님의 인도하심, 또 하나님의 능력으로 살아감을 알게 하신다.

성부 하나님, 성자 예수님, 성령 하나님의 인도하심과 도우심이 없이는 나의 인생이 성공의 삶, 행복한 삶이 될 수 없음을 깨닫게 되었다. 이후로의 내 평생의 삶은 오직 하나님 안에서, 예수님과 함께, 성령님의 인도하심을 따라 순종하며 살아가는 허지영, 승리의 삶이 될 줄 믿어 의심치 않는다. 그리고 고백한다. "나의 주님, 내 몸과 마음을 다해 사랑합니다. 주님은 나의 전부이십니다. 주님의 뜻에 순종합니다. 이루어 가시는 일들을 바라보고 기대하며 나의 주 하나님, 아바 아버지를 찬양합니다. 할렐루~야!!!"

"우리가 알거니와 하나님을 사랑하는 자 곧 그 뜻대로 부르심을 입은 자들에게는 모든 것이 합력하여 선을 이루느니라"
(로마서 8:28)

"여호와께서 우리를 위하여 큰일을 행하셨으니 우리는 기쁘도다" (시편 126:3)

"눈물을 흘리며 씨를 뿌리는 자는 기쁨으로 거두리로다. 울며 씨를 뿌리러 나가는 자는 반드시 기쁨으로 그 곡식 단을 가지고 돌아오리로다" (시편 126편 5-6)

21 편.
나의 기도를 들으신 하나님

하나님께서 내게 베푸시는 그 크신 사랑과 은혜는 하늘을 두루마리 삼고 바다를 먹물 삼아도 다 기록할 수 없음을 고백한다.

하나님의 부르심에 순종하여 2014년 2월에 2013학년도 원아들을 졸업시키고 유치원 원장의 자리를 내려놓았다. 하나님께서는 이 2014년 한 해를 하나님의 일을 하게 하시기 위해 나를 준비시키시는 시간으로 삼으셨다. 교육을 받게 하시고 집중하여 기도하게 하셨다.

SOL (School Of Leadership) 1,2,3단계를 2014년 1년 동안에 다 교육받도록 기회를 주셨다. 3학기 1년 6개월 내지 교회 행사로 2~3년에 걸쳐서 받던 교육인데 2014년에는 1년 과정으로 진행되었다. 이 또한 하나님의 계획하심, 섭리 가운데 이루어진 일이라 믿고 있다.

2012년 새신자반, 알파, 바나바, 중보기도 사역의 교육을 다 받게 하시고 (그 이후 바나바와 중보기도 사역교육이 없었다.) 2013~14년 딸파를 섬기게 하셨으며 2014년 한해에 SOL (School Of Leadership) 교육을 받게 하신 것이다.

 10월부터 마지막 3단계 교육을 시작하였다. 교육 중 선정도서를 읽고 독후감을 쓰는 과제가 있었는데 시간 관계상 도서를 새로 주문하지 않고 지난 2단계에서 읽었던 도서를 조원들이 서로 바꾸어서 읽기로 결정하였다.

 조원들과 서로 이야기를 하지 못한 상태에서 한 주 지나고 주일을 맞게 되었다. 우리 조 조원들과 서로 이야기를 나누어야지 하고 마음을 먹고 있었다. 그런데 점심식사 후 푸른초장 커피숍에서 다른 조의 이 집사님을 만나 지난주에 결정된 사항을 이야기하게 되었다. 그러자 순간 "저 집에 지난번에 읽은 책 있어요." 하며 "잠시 후 집에 다녀 올 건데 가져다 드릴께요." 하는 것이 아닌가!!!

 제목을 묻자「사랑하면 기도합니다.」란다. 사실 아침에 교회 갈 준비를 하며 오후에 있을 SOL 교육을 위해 교재를 챙기면서 "주님, 어떤 책을 읽으면 좋을까요? 제게 읽어야 할 필요한 책을 알려주세요." 잠깐 순간 기도를 드렸었다. 나의 기도를 들으시고 예비해 주신 책이라 믿는다.「사랑하면 기도합니다.」

 그럴만한 이유가 있다. 2단계 교육을 받을 때 내 의사와는 상관없이 조장이 되었는데 어떠한 일을 계기로 리더로서 갖추어야 할 가장 기본적인 것이 하나님의 말씀을 바탕으로 "사랑하는 마음"과 "기도"란 생각을 하게 되었다. 아마도 나의 이 마음을 아시고 하나님께서 예비하신 책이란 생각을 하게 되었다.

순간순간마다 살아 역사하시는 나의 아바 아버지 하나님으로 인해 기뻐하지 않을 수 없고 감사치 아니할 수가 없다. 그래서 다윗왕과 같이 찬양하며 춤을 추고 싶을 때가 한두 번이 아니다. 다윗왕의 마음이 헤아려진다.

오늘날에도, 지금 이 순간에도 하나님은 살아계셔서 역사하고 계신다. 항상 나와 함께 하신다. 나보다 나를 더 잘 아시고 나의 필요를 아시는 하나님이시다.

그 하나님을 찬양한다. "할렐루~야!!!"

내 아바 아버지 되신 하나님, 나의 주 하나님!!!

내가 주님을 사랑합니다.

"너희에게는 머리털까지 다 세신 바 되었나니"
(마태복음 10:30)

"그의 마음의 소원을 들어주셨으며 그의 입술의 요구를 거절하지 아니하셨나이다"(시편 21:2)

22 편.

8공주, 우린 할 수 있어!

대학에 입학한 나는 첫 오리엔테이션에 참석하였다. 이날은 모두가 처음 만나는 날이라 서먹하고 차가운 기운이 강의실 안을 맴돌아 더욱 춥게만 느껴졌었다. 강의를 들을 땐 항상 맨 앞자리를 놓치지 않고 차지했었지만 처음 모인 날에는 거의 뒷줄에 꾸어다 놓은 보릿자루처럼 조용히 앉아서 분위기를 파악하고 있었다. 먼저 말을 걸거나 앞에 나서지 않는 성격을 소유한 나는 분주하게 왔다 갔다 하는 친구들을 바라보며 탐색하고 있었다. 그때 옆자리에 앉은 친구가 "안녕"하고 말을 걸어왔다. 그리고 그 한 마디의 인사말로 인해 나를 중심으로 주변에 앉은 아이들과 자연스럽게 대화를 나누게 되었고 곧 친구가 되었다. 그 날 조(그룹)를 편성해야 한다는 말과 함께 번호순으로 할 것인지 마음에 맞는 친구들과 할 것인지가 논의가 되고 조 편성을 하기 위해 후자를 선택, 결정하게 되었다.

얼떨결에 나는 내 주변에 앉아 인사를 나누었던 친구 8명과 한 조가 되었다. 유아교육학과는 그룹 과제와 발표가 많아 4년 동안 거의 항상 함께 생활했다. 우리는 자칭 '8공주'라 불렀다. 졸업 후 결혼하고 모두 사는 곳이 다 다르지만(서울에서 사는 친구는 3명) 지금까지도 8공주 모임은 계속 이어지고 있다. 어쨌든 한 조로 묶여 대학생활을 시작한 우리는 종교 또한 모두가 달랐다. 무교, 불교, 천주교, 기독교… 하지만 학교에서 1주에 한 번 있는 채플시간엔 모두 함께 예배를 드렸다.

  입학 후 얼마 안 된 어느 봄날 예배시간에 「성가 경연대회」에 대한 안내를 하였다. 나는 안내를 듣는 순간 참가하고 싶은 열정이 마구 솟구쳤다. 그래서 친구들에게 함께 「성가 경연대회」에 참가하자고 제안을 하였다. 하지만 찬양을 불러 본 적이 없는 친구들은 "우리가 어떻게 해." 하며 할 수 없다고 단언하였다. 나는 "8공주, 우린 할 수 있어."라고 격려하였고 계속 떼를 썼다. 그래서 결국 모두가 한마음으로 「성가 경연대회」에 나가기로 합의하였다. 그리고 나는 몇 곡을 찾아와 친구들과 함께 불러 보며 대회에 나가 부를 찬양곡을 선정하였다. 제목은 「엠마오로 가는 두 제자」였다. 우리는 경연대회 날까지 매일 매일 모여서 열심히 연습했고 비록 종교는 달랐지만 한 맘으로 찬양을 불러 하나님께 영광을 올려드렸다. 그뿐 아니라 입상을 하게 되어 모두가 너무나 기뻐했고 학과의 위상을 높여 교수님과 친구들로부터도 칭찬의 말을 들었다. 이것이 대학생활을 시작하고 8공주의 첫 활약이었다. 부족함이 많은 우리지만, 또 많이 걱정하고 떨기도 하였으나 하나님께 기도를 드리고 나가서 찬양함으로 하나님을 기쁘시게 해 드릴 수 있었다.

　다음 해에는 유아교육학과 주최로 「동화구연대회」가 있었다. 나는 8공주의 권유로 대회에 참가하였고 입상을 하게 되었다. 또 다음 해에는 과대표로 활동하며 예수님의 사랑을 실천하려고 나름대로 노력을 많이 하였다. 대학생활을 하는 동안 기쁨으로 만족하며 지냈는데 내 평생 후회되는 한 가지 일이 있었다. 4학년이 되어서도 과대표를 연임하여 활동하던 중 당시 교내에서 극심한 데모가 있었다. 나는 데모에 참여하는 것을 원치 않았음에도 불구하고 과대표란 이유로 학과 학생들을 이끌고 데모에 참여해야만 했다. 그 상황이 너무나 힘들고 싫어서 과대표를 사임하였다. 마지막까지 사명을 감당하지 못해 늘 마음이 무거웠고 낙오자가 된 것 같은 느낌을 떨쳐 버릴 수가 없었다.

　하지만 지금은 마음에 자유함을 주셨다. 그 당시 왜 기도하지 않았을까? 다시금 그 시절이 내게 주어진다면 지금처럼 하나님 앞에 나아가 무릎을 꿇고 기도를 드리며 하나님의 뜻이 무엇인지를 구할 것이다. 그리고 지혜롭게 일을 처리할 것이다. 대학생활을 통해 내 삶에 있어 많은 것을 배울 기회로 삼게 하신 하나님께 감사를 드린다.

　앞으로 남은 나의 삶은 이전보다 더 하나님을 사랑하고 하나님과 동행하며 하나님 마음에 합한 자라 여기심을 받는 자의 삶, 오직 내 안에 예수 그리스도께서 사시는 삶으로 살기를 소망하며 기도드린다. 할렐루~야!!!

"여호와를 찬송하라 여호와는 선하시며 그의 이름이 아름다우니 그의 이름을 찬양하라" (시편 135:3)

"시험을 참는 자는 복이 있나니 이는 시련을 견디어 낸 자가 주께서 자기를 사랑하는 자들에게 약속하신 생명의 면류관을 얻을 것이기 때문이라" (야고보서 1:12)

23 편.
첫 사회생활 경험

쓰라린 추억, 아픔도 있었지만 그래도 잊을 수 없는 아름다운 추억들로 가득한 대학생활을 보냈다. 나를 포함한 8공주 친구들과 함께 한 시간, 시간이 아름답고 소중한 추억이 되었다. 태어나서 처음으로 '순대'란 것도 먹게 되었다. 나는 어려서부터 길에서 음식을 사 먹지 않도록 어머니께 교육을 받고 자랐다. 게다가 순대는 생긴 것부터 이상하고 색도 까맣고 또 돼지 창자란 말에 혐오감을 가지고 있던 음식이었다. 그런데 지금은 친구들 덕분에 맛있게 잘 먹고 있다. 신갈 인터체인지에서 히치하이크의 경험도 해 보았다. 대학생만이 누릴 수 있었던 특권(?)이었다. 지금은 세상이 무서워져 생각조차 할 수 없는 일이 되었지만 말이다.

유아교육학과를 졸업하고 나면 여자들만 모여 생활하는 유치원에서 근무하게 되니 훗날 사회생활 하는 남편을 이해하기 어렵다는 선배님들의 말에 나는 방학을 하면 아르바이트를 하기로 결심하고 학교에 신청하였다. 치열한 경쟁 속에서 아르바이트

일자리를 얻게 되었다. 1,2학년 때는 전공과 관련없는 곳(은행, 경찰서, 농심 본사, 마트 등)에서 아르바이트를 했고, 3,4학년 시절에는 전공을 살려 캠프요원으로 활동을 하였다. 아르바이트 활동을 통해 사람과 사회, 조직에 대해서 알게 되었고 모든 것이 내 맘 같지 않다는 사실도 깨닫게 되었다.

농심 본사에서 근무할 때의 일이다. 가게를 찾아다니며 "새우깡"에 대한 리서치 조사를 하던 중 만났던 한 가게 주인아저씨를 잊을 수가 없다. 자세한 설명을 들을 생각조차 하지 않으시고 나를 쫓아내며 퍼부은 말들… 지금은 그 말들이 자세하게 기억나지 않는다. 하지만 그 당시엔 내 귀에 들린 말들로 인해 마음에 상처를 입게 되었고 너무나 서러워 눈물을 흘리며 거리를 걸었던 기억이 난다. 반면 의정부역 경기은행에서 근무 할 때는 찾아오시는 많은 분에게 친절하게 인사를 하였는데 함께 웃으며 인사해 주셨다. 물론 모든 사람이 다 그런 것은 아니었다. 또 도움을 요청한 사람에게 도움을 드리면 기뻐하며 감사의 인사를 해 주셨다. 나 또한 행복했던 기억이 난다. 또 캠프에서 만난 아이들 한 명, 한 명으로 인해 날마다 행복한 마음으로 웃으며 보냈던 시간이 떠오른다. 캠프파이어를 마치고 저녁 인사를 하고 헤어지는 시간에 한 아이가 달려와 내게 안기며 기습 뽀뽀를 하는 바람에 뒤로 넘어질 뻔하기도 하였다.

미아삼거리역 부근에 있는 경찰서에서 근무할 땐 버스 정류장에서 교통 관련 일을 하였는데 버스 기사님들께 인사를 하면 힘이 난다며 무척 좋아하셨고 다음에 또 만나게 될 땐 먼저 인사를 건네주시기도 하였다. 아르바이트 시간은 내게 많은 것을 생각하게 하는 유익한 시간이었고 나의 마음과 생각이 더욱 성숙해지는 시간이 되었다.

  초, 중, 고등학교를 졸업하고 대학생활을 하면서도 학교와 도서관과 집밖에 모르던 내가 아르바이트를 통해 사회생활을 경험하며 사회가 어떠한 곳인지에 대해 조금이나마 알게 되는 계기가 되었다. 모든 것이 하나님의 은혜이다. 하나님을 믿는 나는 어려서부터 "너희는 세상에 빛과 소금이다"라고 하신 말씀을 들으며 내 마음 가운데 나 자신이 빛과 소금처럼 살아야겠다는 생각을 하게 되었다. 그리스도인답게 살아야 한다는 생각을 일찍이 하게 된 것이다. 지나치게 바른 생활을 하려다 보니 바리새인과 같이 나의 의를 드러내고 다른 사람의 허물을 정죄하는 내 모습을 어느 순간 보게 되어 회개하기도 하였다.

  같은 무리끼리 모여 이루는 집단이 「사회」이다. 하나님이 창조하신 인간이 함께 모여 생활하는 것이 곧 사회이다. 서로가 사랑하고 서로가 격려하며 서로가 이해하고 서로가 위로하는 그런 사회가 되길 소망한다. 가장 상처를 주기 쉬운 것이 '말'이라고 생각한다. 특히 가까운 사람, 가족, 친척, 이웃, 동료 등에게 말로 상처를 주기 쉽다. 우리 모두 덕스러운 말, 칭찬의 말, 격려의 말, 위로의 말을 함으로 아름다운 세상, 행복한 세상을 만들어 가길 소망한다.

"너희는 세상의 소금이니 소금이 만일 그 맛을 잃으면 무엇으로 짜게 하리요. 후에는 아무 쓸 데 없어 다만 밖에 버려져 사람에게 밟힐 뿐이니라.

너희는 세상의 빛이라 산 위에 있는 동네가 숨겨지지 못할 것이요. 사람이 등불을 켜서 말 아래에 두지 아니하고 등경 위에 두나니 이러므로 집 안 모든 사람에게 비치느니라.

이같이 너희 빛이 사람 앞에 비치게 하여 그들로 너희 착한 행실을 보고 하늘에 계신 너희 아버지께 영광을 돌리게 하라"
(마태복음 5:13-16)

24 편.
나의 머리로 이해할 수 없는 일(1)

유아교육을 전공하던 대학 3학년 때는 학기 중 사전실습을 주 1회 나갔다. 주로 참관을 하고 유치원에서 교육이 어떻게 이루어지고 수업이 어떤 방식으로 진행되는지에 대해 교사를 통해 배우며 유아를 관찰하면서 이론과 실제를 알아가고 또 보조자 역할을 하면서 실무도 경험하였다. 그리고 4학년이 되어서는 본 실습을 나간다. 직접 교사의 역할을 해 볼 수 있는 경험이 주어진다.

나는 사전실습을 강남에 있는 개나리유치원에서 하였고 본 실습은 집에서 가까운 거리에 있는 수유리 효정유치원에서 하였다.

유아교육학과 학생은 못 하는 것이 없는 만능 엔터테이너가 되어야 한다. 그런데 나는 딱 한 가지 "미술"을 좋아하지 않았다. 그래서 그 부분이 상당히 부족함을 안다. 사실 유치원에서는 만들고 꾸미기를 잘 하는 것이 교사의 자질을 인정받는데 매우 중요한 요인이 되기도 한다. 그럼에도 불구하고 난 30년이란 세월을 아이들과 함께 지냈다. 놀라운 일이다.

　내가 미술을 싫어하게 된 가장 큰 이유가 언니와 비교가 되었기 때문이다. 체육을 빼고 못 하는 것이 없었던 언니야말로 우등생에 만능 실력자였다. 난 언니가 싫어하는 체육을 의도적으로 좋아하였고 뛰어난 재능을 보였다. 반면 자신감이 부족했던 미술은 비교당함으로 아예 노력조차 하려고 하지를 않았다. 내가 직접 하는 것은 좋아하지 않지만 색감이나 작품을 감상하는 뛰어난 능력을 주셨다. 아무튼 내가 4년 동안 과제도 잘 하고 실습도 무사히 마칠 수 있었던 것은 하나님께서 좋은 친구들을 붙여 주셔서 서로의 부족함을 채워가며 뛰어나게 잘 할 수 있도록 도우셨기 때문이다.

　덕분에 좋은 성적을 받았고 모든 활동에 최선을 다해 열심히 하여 인정을 받아 졸업할 때는 양쪽 원, 다시 말해 사전실습, 본실습을 한 유치원에서 취업의뢰가 들어왔다. 먼저 사전실습지에서 연락이 와서 갔는데 그곳에서 중학교 때 같은 교회에 다니던 친구를 만나게 되었다. 너무나 반가웠다. 그런데 그 친구는 그곳에서 보조교사를 하고 있었다. 나의 취업상황을 이야기하자 자신이 일을 그만두겠다고 하는 것이 아닌가… 나는 고민이 되었다. '좋은 유치원에 취업하기가 쉽지 않다는데…' 하지만 결론을 내렸다.

　'먼저 근무를 하고 있는 친구에게 상처를 줄 수는 없지.' 난 취업을 포기하였다. 그러던 중 사후실습을 한 곳에서 교수님께 나를 채용하고 싶다는 연락을 해 왔는데, 교수님은 너무나 기세등등 자랑스럽게 나의 취업이 결정되었다고 통보한 것이다. 난 그 이후에 교수님께 취업 포기 연락을 드렸고 교수님은 바로 사후 실습한 유치원에 연락을 취하니 그 곳에서는 나와 함께 실습했던 친구에게 연락을 취해 취업을 확정한 상태가 되고 말았다.

'어, 이게 뭐지?...' 요즘 말로 멘붕 상태가 되었다.

나는 무릎을 꿇고 하나님께 기도를 드리기 시작했다. 그간 내가 잘난 줄 알고 자만했던 내 모습을 보게 하셨고 회개하게 하셨다.

하루하루의 시간이 흘러갈수록 불안한 마음이 나를 짓눌렀다. 그러던 어느 날 교수님께서 개포동에 있는 큰별유치원에 나를 추천해 주셔서 서류전형과 면접, 영역별 테스트를 거쳐 최종 합격을 하고 근무하게 되었다.

당시 도봉동에 살던 난 전철 1호선을 타고 4호선, 2호선으로 갈아타고 선릉역에서 내려 또 버스를 한 번 더 타고 들어가야 하는 곳으로 다녔다. 약 두 시간의 시간이 소요되었다. "주님, 왜 저에게 이런 어려움을 주십니까..." 다니는 거리도 힘들었지만 원장님의 대학원 과제를 도와 드리며 내 일을 감당하기도 힘들었고 초임이기에 이론과 실제가 다른 면에서 오는 갈등과 원감선생님의 자격지심으로 인한 편애가 나를 더 힘들게 하였다.

그래도 난 아이들을 바라보며 묵묵히 1년을 견디었다. 한 해 더 함께하자는 권유에 정중히 사의를 표하였다. 첫 경험을 힘들게 했지만 강남교육청이 주최한 유아 교재,교구 연구개발전에서 강남교육청장상 우수상을 받았고 아이들, 학부모님과 함께 첫사랑의 기쁨과 감사의 마음을 듬뿍 나누었으며 교사로서 해야 할 것과 해서는 안 될 것에 대해 확실히 배우는 계기가 되었다. 지금 생각해 보면 이 첫해의 경험이 내 인생에 밑거름이 되었다고 생각한다. 나는 또다시 하나님 앞에 무릎을 꿇게 되었다.

"하나님, 제가 가야 할 곳을 알려 주세요."

"사람이 마음으로 자기의 길을 계획할지라도 그의 걸음을 인도하시는 이는 여호와시니라" (잠언 16:9)

"네 길을 여호와께 맡기라 그를 의지하면 그가 이루시고 네 의를 빛같이 나타내시며 네 공의를 정오의 빛같이 하시리로다" (시편 37:5-6)

25 편.
나의 머리로 이해할 수 없는 일(2)

몇날 며칠 동안 퇴근 후 밤에 홀로 방에서 하나님께 부르짖어 기도드렸다. 그러던 어느 날 거래처 사장님에게서 연락이 왔다. 공릉동에 위치한 사라유치원에서 면접을 요청했다는 것이다. 나는 원장님과 통화 후 면접 일시를 약속하고 해당 일시간 전에 도착하여 유치원 주변을 둘러보았다. 아~~!!! 공릉시장 입구에 위치하고 있었고 단독건물이 아닌 상가 건물의 2,3층을 사용하는 곳이었다. 나는 건물 안으로 들어가지 않고 버스 정류장을 향해 몸을 돌려 걷고 있었다.

'이런 곳에서 어떻게 교육을 하지…?'

그런데 내 마음에서 내게 이렇게 말하고 있었다. "너, 정말 힘들고 어려운 섬 아이들을 위해서 무보수라도 일할 수 있다고 하지 않았니?" 나의 초심은 그러했다. '어쨌든 약속을 했으면 지켜야지. 가서 원장님을 만나 뵙고 말씀을 드리는 것이 인간의 도리이지.' 하는 마음으로 다시 발걸음을 돌려 유치원으로 향하였다. 그리고 원장님과 말씀을 나누는 가운데 나의 초심이 자극되었고 마치 한 배를 타고 항해하고 있는 것 같은 느낌이 들었다. 그래서 나는 교육자의 길을 함께 가기로 했다. 그리고는 후회함 없이 교사로부터 주임, 원감, 원장이 되기까지 13년간을 열정을 다해 교육하였다. 90년부터 6년간은 상가건물에서 교육하였고 나의 열정으로 인해 원장님께서 96년에 인근에 조성된 삼익아파트 단지 내 단독건물로 유치원을 이전하여 주셨고 그곳에서 7년간 교육을 하였다. 교사 3년차부터 교육, 행정을 관리하며 중간관리자로 역할을 감당하게 하셨다.

지금 돌아보면 바쁘신 원장님과 함께 교육하며 모든 제반 사항을 내가 알아서 처리하게 하시며 나를 키워 가셨다. 힘들고 어려운 상황도 많이 있었지만 인내하게 하셨다. 언제나 친정아버지께서 하시는 말씀 "일은 능력있는 사람에게 주어지는 것이다. 감사함으로 인내해라."를 기억하며 위로받고 하나님의 말씀 "내게 능력 주시는 자 안에서 내가 모든 것을 할 수 있느니라" (빌 4:13)에서 믿음과 소망으로 하나님만 바라보며 모든 일을 함에 있어 내 몸을 사리지 않고 최선을 다하였다.

그 결과 사라유치원에서 교육하며 북부교육청장상 2회, 교육감상, 교육부장관상도 수상하게 하셨다. 할렐루~야!!!

이 모든 일을 돌아보면 이는 하나님께서 하신 일, 하나님의 은혜임을 고백하지 않을 수 없다. 나는 원감 연수를 받고 난 후 '원장 연수를 받고 나면 원장으로 근무할 수 있는 곳으로 가리라.'는 생각을 품고 나의 입으로 말하였다. 당시에는 원장 자격이 있어도 부원장 또는 원감으로 근무하는 경우가 많았다. 서운한 마음이 들지 않도록 원장님께도 미리 말씀을 드렸다.

2003년 9월, 생각하고 말한 것처럼 나는 원장으로 자리매김할 수 있는 곳에 유치원장으로 임용되었다.

"이는 내 생각이 너희의 생각과 다르며 내 길은 너희의 길과 다름이니라 여호와의 말씀이니라. 이는 하늘이 땅보다 높음 같이 내 길은 너희의 길보다 높으며 내 생각은 너희의 생각보다 높음이니라 (이사야 55:8-9)

"여호와의 말씀이니라. 너희를 향한 나의 생각을 내가 아나니 평안이요 재앙이 아니니라. 너희에게 미래와 희망을 주는 것이니라. 너희가 내게 부르짖으며 내게 와서 기도하면 내가 너희들의 기도를 들을 것이요, 너희가 온 마음으로 나를 구하면 나를 찾을 것이요 나를 만나리라" (예레미야 29:11-13)

26 편.
나의 머리로 이해할 수 없는 일(3)

2년차 교사로 사라유치원에서 근무하기 시작하여 5년 만에 1급 정교사를 9년 만에 원감 자격을 취득하였다. 그러던 어느 날 시범 공개수업이 중계동 원암유치원에서 있어 다녀오는 길에 은행사거리에 위치한 「효천유치원」을 보게 되었다. 함께 동행했던 최성희 선생님이 "이 유치원이 좋대요."라고 말을 하였다. 나는 도로변으로 나 있는 비상구 문틈으로 유치원 안을 살짝 엿볼 수 있었다. 실내 내부가 깔끔하였다. 나는 순간 기도를 드렸다. "하나님, 저 원장 연수를 받으면 이렇게 좋은 유치원에서 원장으로 근무하게 해 주세요. 예수님 이름으로 기도합니다. 아멘"

나는 유아교육자의 길로 들어서면서 장학사의 꿈을 꾸었다. 그런데 하나님께서 그 길은 열어 주시지 않았다. 주변에서 나의 유치원을 직접 운영하라는 권유를 많이 했음에도 불구하고 또한 그 마음도 주시지 않았다. 운영자로서가 아닌 교육자로서의 마음을 주셨고, 한 점 부끄럽지 않은 모습으로 교육자의 길을 걸어오게 하셨다. 지금 생각해 보면 오늘날 하나님께서 나를 부르셨을 때 내가 홀가분하게 모두 다 내려놓고 주님께 달려오게 하시기 위함이 아니었나 하는 생각을 하게 된다. 그 날 이후 나는 또다시 4년간을 사라유치원에서 교육하며 원장 연수를 받게 되었다. 그리고 몇 차례 권유에도 불구하고 나는 새로운 곳에서 원장으로서 교육에 임하고자 13년간 근무한 사라유치원에 사임을 표하였다. 그리고 14년간 쉼 없이 달려온 나를 정리하며 약 6개월간 휴식의 시간을 누렸다. 쉼의 기간 동안 그동안 만나지 못했던 수많은 지인도 만나고 요리학원에 다니며 한식 조리사 자격증도 취득했다. 실제 요리는 많이 못 했지만 요리하는 것을 좋아한다. 그렇게 6개월의 시간을 보내던 7월 어느 주일 날 말씀을 듣는 중에 갑자기 "이제 유치원을 알아보아라" 하는 강한 마음을 주셨다.

나는 집에 돌아와 '고가네'라고 하는 유치원 교사 구인, 구직 사이트에 들어가 구직란을 보게 되었고 "원장님을 모십니다."란 글을 보게 되었다. 3차례의 설립자와의 만남을 통해 유치원 원장으로 임명되었다.

6개월이 지난 어느 날 출근하며 대로변으로 나 있는 유치원의 비상구 문을 쳐다보는 순간 내 발걸음이 멈춰지며 머리끝에서 발끝까지 전율이 왔다. 마치 고등학교 시절 '벤허'영화를 보며 예수님의 십자가 사건과 함께 나병 환자가 낫는 장면을 보면서 "하나님, 나의 손목에 난 혹을 고쳐주세요." 하고 순간 기도를 드렸을 때 느꼈던 머리끝부터 발끝까지 흘러내린 전율과 같았다. 그러면서 내게 음성이 들려왔다. "네가 이곳에 서서 내게 기도했지." 아~!!! 나의 눈에서는 어느새 눈물이 흘러내렸다. 내가 원감 연수를 받고 중계동 원암유치원 시범수업에 왔다가 바로 이곳에 서서 "하나님, 저 원장 연수를 받으면 이렇게 좋은 유치원에서 원장으로 근무하게 해 주세요. 예수님 이름으로 기도합니다. 아멘" 하고 순간 기도를 했던 곳이 아닌가…! 나는 소스라치게 놀랐다.

　원감 연수를 받고 4년에 시간이 흘렀고, 쉼의 기간 6개월을 보내면서 내가 원장으로 갈 곳을 놓고 기도했던 것조차 기억을 못 했고 더군다나 이곳에서 근무한 6개월 동안도 내가 이 유치원 건물 앞에 서서 기도했던 것을 전혀 기억하지 못하고 다녔다는 사실에 놀라지 않을 수 없었다. 더 놀라운 것은 효천유치원에서 근무한 지 2년 정도 지난 후에 설립자에게 들은 이야기이다. 내가 서서 기도했던 해에 유치원을 인수하기로 모든 서류가 다 준비되었었는데 갑자기 파기되었고 내가 원장 연수를 받고 난 2013년 7월에 다시 인수하게 되었다는 것이다. 또 함께 근무할 원장을 채용하기로 이미 결정했는데 '한 사람만 더 보자.' 하는 마음이 들어 고가네 사이트에 광고를 올렸고 그 한 사람이 바로 나였다는 것이다. 이 일을 통해 세밀하신 하나님, 한 번 구한 것까지도 기억하고 이루어 주시는 하나님, 인생의 모든 일을 주관 하시는 분이 하나님이심을 시인하고 나의 입술로 고백하게 하셨으며 하나님을 찬양케 하셨다. 할렐루~야!!!

　부족하기 짝이 없는 나를 택하시고 나의 가는 길과 걸음을 인도하시는 하나님께 감사와 찬송과 영광을 올려드린다. 나의 아바 아버지, 만군의 주 하나님!!! 나의 모든 것 되신 주님, 사랑합니다. 사랑합니다. 사랑합니다.

"그들에게 이르기를 여호와의 말씀에 내 삶을 두고 맹세하노라 너희 말이 내 귀에 들린 대로 내가 너희에게 행하리니."
　(민수기 14:28)

"하나님을 사랑하는 자 곧 그의 뜻대로 부르심을 입은 자들에게는 모든 것이 합력하여 선을 이루느니라" (로마서 8:28)

27 편.
반지 사건

 우리 집은 1남 3녀의 딸 부잣집이다. 딸, 딸, 딸, 아들!!! 우리나라는 예로부터 장남이 부모님을 모시는 전통이 이어져 내려오고 있다. 내 아버지는 둘째 아들임에도 평생 부모님을 모셨다. 내 어머니는 시부모님을 모시고 살았기에 아들을 낳아야 한다는 부담감을 늘 마음에 품고 계셨던 것 같다. 아들을 얻기 위해 이렇게 딸 부잣집이 되었다.

　우리 4남매는 어린 시절을 이렇게 회상한다. 엄마가 외출하거나 시장엘 가도 우리는 마치 새끼오리처럼 엄마의 뒤꽁무니를 졸졸졸 따라다녔다. 어느 곳엘 가든지 항상 우리 4남매의 모습을 보는 사람들은 모두 다 한마디씩은 하였던 기억이 난다. 그 한 마디 속엔 우리들의 옷차림도 한 역할을 했다. 딸 셋은 항상 색깔만 다르지 같은 모양의 옷을 입었기 때문이다. 그 이유는 자신의 옷보다 언니나 동생의 옷이 더 예쁘다고 서로가 샘을 내어서였다. 지금까지도 기억나는 옷이 있다. 땡땡이 모양의 원피스인데 빨간색, 노란색, 하늘색 바탕에 하얀색 큰 땡땡이 무늬가 있고 흰색 둥근 칼라가 있는 옷이다. 가장 어린 아들은 엄마의 손을 잡고 걷고 어린 세 딸은 그러한 원피스를 입고 엄마의 뒤를 따라 나란히 걸어가니 얼마나 더 눈에 띄었겠는가! 물론 중학교 이후부터는 각자의 개성에 따라 옷을 입었지만 말이다.

어릴 적엔 올망졸망 그리도 많아 보이던 4남매였지만 성인이 되어 각자의 삶의 터전에서 흩어져 생활하다 보니 이제는 많게 느껴지지도 않는다.

1989년 대학을 졸업하고 유치원에 입사하여 3년차 되던 해의 일이다. 연년생인 여동생이 청천벽력 같은 말을 부모님 앞에서 선언하였다. "아빠, 엄마. 저 결혼할래요." 대학을 졸업하고 1년 남짓 직장생활을 하고는 결혼을 하겠다는 것이다. 위로 솔로인 언니가 둘이나 있는데… 난 정신이 번쩍 들었다. 아~ 결혼!!!

유치원 생활에 푸~욱 빠져 아이들과 함께 지내며 하루하루를 너무나도 즐겁고 행복하게, 또 바쁘게 생활하고 있던 나는 결혼에 대한 생각을 전혀 하고 있지 않았었기에 동생의 결혼선언은 나에게 큰 충격이 되었다. 동생의 폭탄선언으로 인해 나는 이날부터 결혼을 위한 기도를 본격적으로 시작하게 되었다. 사실 청소년 시절에 '결혼'을 위한 기도를 해야 한다는 말을 듣고 간간이 나의 이상형을 생각하며 결혼 기도를 드렸었다. 아빠와 같이 하나님을 잘 믿고 옳고 그름에 있어 대쪽 같은 사람, 하지만 아빠보다는 부드러운 사람, 성실하고 나만을 사랑해 주는 사람을 이상형으로 생각하였고, 한 사람을 만나 그 한 사람과 함께 행복하게 살기를 기도하였었다. 다시금 나는 결혼 기도를 드리기 시작하였고 그렇게 1년의 시간이 지났다.

   그러던 어느 날, 내 기억으로는 1992년 구정 연휴 끝으로 기억한다. 한 통의 전화를 받았다. "지영아, 잘 지내지? 나 영수야.""어머, 정말 오래간만이네""우리 만나서 얘기 좀 하자.""그래, 어디서 볼까?" 이 친구는 고등학교 기독학생반에서 함께 활동하였던 친구로 총무 역할을 했던 친구이다. 나는 약속 장소를 미아삼거리 대지극장 근처 커피숍으로 정하고 전화를 끊고는 음… 왠지 둘이 만나는 건 좀 어색하고 회장이었던 친구 이주형에게 전화를 해서 함께 보자고 이야기 해 볼까? 란 생각을 하게 되었다.

   회장이었던 이 친구는 정말 대쪽 같이 좋고 싫음, 옳고 그름이 분명한 친구였다. 그래서 거절 당할까봐 전화하기를 망설이다가 고등학교를 졸업한 지 8년 만에 처음으로 전화를 하게 되었다. 그런데 반갑게 전화를 받아 주었고 만남의 장소에 나오기로 하였다. 그래서 1984년 고교 2년의 시절로 돌아가 기독학생반 회장이었던 이주형, 부회장이었던 허지영, 총무였던 고영수가 한 자리에서 만나게 되었다. 이주형과 고영수는 같은 교회에 다니는 친구이기도 했다. 시간이 많이 흘렀지만 모두가 변함없이 하나님을 사랑하고 각자의 삶의 터전에서 성실하게 살아가고 있음에 감사하였다. 그간의 삶에 대하여 나누던 중 총무였던 친구 영수가 갑자기 내 약지 손가락에 끼워져 있는 반지를 빼서 달라고 하였다. 나는 영문도 모른 채 "왜?" 하며 반지를 빼서 건네주었다. 그랬더니 자신의 새끼손가락에 끼우는 것이었다. 그런데 반지가 중간 손마디에 걸려 더 이상 들어가지를 않자 "에이" 하며 뺐다.

나는 순간 물었다. "왜 그러는데?" 그러자 하는 말이 "여자의 약지 손가락에 들어가는 반지가 남자의 새끼손가락에 쏙 들어가 맞으면 천생연분이란다." "그래?" 나는 신기해하며 웃고 있었다. 그 순간 회장이었던 친구 이주형이 갑자기 "나도 줘봐." 하는 것이 아닌가. 전혀 그럴 친구가 아닌데… 반지를 건네받고는 자기의 새끼손가락에 끼웠다. 아!!! 그런데 이게 웬일인가… 새끼손가락으로 반지가 쏘옥 미끄러지듯이 들어가는 것이 아닌가. 나와 총무였던 친구는 "우와~" 하고 놀라고 있었다. 순간 내 머릿속에서는 "주님, 이 사람입니까?"하고 하나님께 묻고 있었다.

동생의 결혼선언으로 충격을 받은 나는 그 날로부터 결혼 기도를 하고 있었기 때문이다. 이날 이 친구가 나올 수 있었던 이야기도 들으며 놀랐다. 감리교 신학대학 종교철학과를 다니다가 카투사에 입대하여 제대를 하고 혼자 배낭을 메고 유럽여행을 떠나 3개월 며칠 만에 한국에 들어온 지 며칠 안 되었다는 것이다. 나는 고등학교를 졸업하고 8년 만에 총무였던 고영수 친구로부터 연락을 받았고 또 회장이었던 이주형 친구에게 8년 만에 전화 연락을 하여 이렇게 함께 자리하게 된 것이다. 이날을 계기로 회장이었던 친구와 나는 몇 차례 더 만나 이야기를 나누었고 대화 중 서로에 대해 알아가는 시간을 가졌다. 결론은 고등학교를 졸업한 후 8년이 지났음에도 불구하고 허지영이란 아이가 세상에 물들지 않았고 이전이나 지금이나 성실함과 예쁜 모습, 말하는 것과 행동하는 것 모두가 하나도 변하지 않았으며 순수함 그 자체이고 신앙생활도 잘 하고 있고 사회생활을 함에도 여자 교사들과 생활하고 아이들과 함께 지내서 마음에 든다고 말하였다.

내가 본 회장 친구는 고등학교 시절 정말 하나님 앞에서의 삶을 사는 신실한 친구였다. 하나님 앞에서나 사람 앞에서나 인정받는 사람이었고 칭찬받는 사람이었으며 성실하고 진실한 친구였다. 한 가지 흠이라면 너무나 고지식하다는 것이었다. 그런데 이때 만난 모습은 모든 면에 변함이 없었는데 한 가지 흠으로 여겨졌던 고지식함이 유럽여행을 통해 깨져 오히려 더 좋은 면으로 변해 있음을 보게 되었다.

결국 우리는 그해 어버이날을 기점으로 정식으로 사귀어 보자는 이야기를 나누게 되었고 양가 어른께 먼저 인사를 드리고 교제를 시작하였다. 그리고 1993년 4월 24일 결혼을 하게 되었다. 두 가지 너무나도 놀라운 것은 어려서부터 "나도 엄마처럼 스물여덟에 결혼을 해야지."라고 입버릇처럼 말하던 28세에 결혼을 하게 되었다는 것과 또 하나는 고등학교 2학년 때 손목에 난 혹을 수술하러 병원에 가기 전 회장이었던 이주형, 남편이 된 이 친구가 장문의 편지를 써서 십자가 목걸이와 함께 나에게 전해 주었는데 그 편지를 읽으며 너무나도 감동적인 글과 하나님을 의지하는 깊은 신앙, 십자가로 인해서 눈물을 흘렸었다. 그것을 10년간 내가 가지고 있었다는 사실이다. 그사이 이사도 했었는데… 지금도 가지고 있다. 우리의 만남은 하나님의 예정하심, 섭리 가운데 만나게 된 인연이다. 날마다 우리의 만남에 감사하며 하루하루를 너무나도 행복하게 생활하였다.

총무 친구를 축복의 통로로 삼으셔서 고등학교 졸업 후 8년 만에 다시 만나 교제케 하시고 결혼으로 인도하신 하나님께 감사와 찬송과 영광을 올려드린다. 할렐루~야!!!

"이러므로 남자가 부모를 떠나 그 아내와 연합하여 둘이 한 몸을 이룰지로다"(창세기 2:24)

28 편.
아들의 군 입대

하나님이 내려 주신 귀한 보물, 사랑하는 아들 이준희!!! 대한민국에 아들로 태어나면 반드시 거쳐야 하는 과정인 군 입대. "군대는 대학 1년을 마치고 가는 것이 좋아."라고 하는 인생 선배님들의 말을 참고하여 2013년부터 아들에게 이야기하며 권면하였으나 2학년을 마치고 가겠다고 하였다. 이로 인해 몇 차례 권유하며 실랑이를 벌였다. 그러던 중 기도하면서 결국 아들의 생각을 존중하기로 하였다.

  2014년 2학년이 되었고 7월 어느 날 군에 입대한 같은 과 친구 면회를 다녀오더니 마음이 바뀌었다. "엄마, 나 1학기 마치고 군에 입대할게." 봄에 이미 신검은 받았었기에 빨리 군에 입대하기 위해 친구와 동반입대를 하기로 하고 8월에 사이트로 지원신청을 하였다. 얼마 후 결과가 나왔는데 입대자 명단에 없었다. 대학에 들어가는 것보다 더 어려운 군 입대를 실감하였다. 왠지 나는 불안하였다. 반면 아들은 너무나 편안하게 "다음 달에 다시 신청할게."하는 것이 아닌가… 나 보다 더 믿음이 좋은 것인가!!! 순간 나는 '아~ 모든 일을 주관하시는 분이 하나님이신데…'하는 생각을 하며 기도를 드렸다.

　한 달의 시간이 지나 9월에 다시 사이트로 군 입대 날을 신청하게 되었다. "엄마 10월 7일, 14일, 21일, 28일이 있는데 언제로 할까?" 내 머리엔 그저 빨리 다녀와야 복학할 때 문제가 없을 것 같다는 생각뿐이었다. 그래서 "최대한 빠른 날로 신청하는 게 낫지 않을까? 7일이나 14일은 어때?"라고 말하였다. 그때 내 마음에 "준희가 알아서 하게 두어라." 하는 마음에 울림이 있어 "아들, 네가 알아서 해."라고 말한 후 나는 마음속으로 기도를 드렸다. "주님, 준희가 가장 합당한 좋은 날을 선택하게 해 주세요." 잠시 후 준희가 "엄마, 21일로 했어." 난 "그래, 잘했어. 좋은 결과 있을 거야."라고 하였다. 그리고는 마음속으로 '이번엔 꼭 되어야 하는데… 그래야 제대 후 복학할 때 문제가 되지 않을 텐데…'하는 생각을 또 하였다.

　그때 "너희 염려를 다 주께 맡기라 이는 그가 너희를 돌보심이라"(벧전5:7) 말씀이 생각나서 "하나님께서 알아서 해 주실 거야."선포하였다. 시간이 흘러 드디어 10월 첫 주 발표하는 날이 되었다. 오후 5시가 되길 기다렸다가 사이트에 들어가 입대자 명단을 확인하였다. "엄마, 합격이야!!!" "할렐루~야!!! 하나님, 감사합니다." 준희와 나는 함께 기뻐하였다. 나는 입대 날

짜를 10월 21일이 되게 하신 이유를 나중에야 알게 되었다. 첫 번째 이유는 아들이 사랑하고 존경했던 아버지의 기일인 15일을 지내고 가게 하심이었고 두 번째 이유는 19일 밤부터 시작되어 22일 새벽까지의 가을 부흥성회를 통해 아들과 나의 마음을 만져 주시고 다져주시기 위함이었다. 또 세 번째 이유는 군부대 내에서의 불미스러웠던 일들이 종식되고 안정된 후에 가게 하심이고 마지막으로 덥지 않을 때 훈련을 시작하여 추워지기 전에 훈련을 마치게 하심이었다. 우리의 머리털까지 다 세신 바 되신 하나님, 우리 자신보다 우리를 더 잘 아시는 하나님에 대해 고백하지 않을 수 없었다.

드디어 10월 21일 입소하는 날. 아침부터 비가 부슬부슬 내리더니 급기야 우리의 헤어짐을 하늘도 슬퍼하는 듯 많은 비를 뿌렸다. 비가 많이 내려 운동장에서의 입소행사는 하지 않고 식전행사와 군 관계자 인사말씀만 서둘러 마친 후 입소 자녀를 강당으로 들여보냈다. 난 스스로 마음으로 다짐했었다. '준희를 들여보낼 때 난 절대 울지 않을 거야.' 그리고 준희에게도 대놓고 이야기했었다. 그때마다 준희는 "에이~~!!! 설마 엄마가…"하며 웃곤 하였다. 그럴만한 이유가 있다. 학교에서 가는 수학여행만 보내도 관광버스가 떠날 때 손을 흔들며 눈물을 흘렸으니… 그런데 식 중 "부모님은 사랑하는 아들을 안아주세요. 사랑한다고 말하고 잘 다녀오라고 말씀으로 격려해 주세요. 그리고 아들은 부모님께 감사합니다. 잘 다녀오겠습니다. 사랑합니다. 하며 안아드리세요." 하는 멘트와 함께 준희를 안는 순간 그만 눈물이 흘러내리고 말았다. 그래서 나는 "아들, 엄마가 절대 슬퍼서 우는 거 아냐. 기쁨의 눈물이야." 하며 웃음 지으며 말하였다.

　사실 슬픈 마음보다(고생할 것에 대한 안쓰러운 마음은 있었지만) 군 선교지로 보낸다는 마음을 주셔서 군부대에서 아들 이준희가 영향력있는 삶을 살아 그리스도의 편지가 되길 소망하고 그 안에서 살아계신 하나님을 만나 자신의 하나님으로 고백할 것에 대한 기대가 더 커 그로 인한 기쁨이 있었다. 무거운 발걸음으로 강당을 향해 걸어가며 뒤를 돌아보고, 강당 안으로 들어가며 뒤를 돌아보는 아들의 모습에 또다시 눈시울이 뜨거워졌다. 그래도 힘껏 손을 흔들어 보였다. 준희는 고개를 끄덕여 보이며 건물 안으로 사라졌다. 이렇게 의정부 306 보충대 입소의 모든 순서를 마쳤다.

　10월 21일 화요일 입소하고 준희의 물건이 일주일 후인 월요일에 도착하였다. 다른 사람들은 옷을 받으면 엉엉 운다고 하는데 나는 너무나 기뻤다. 그리고 상자를 여는 순간 차곡차곡 담겨진 준희의 옷과 그 외의 물건을 보며 '정말 군인이 되었구나.' 하는 생각에 오히려 감사한 마음이 들었다. 물건을 차례대로 다 꺼내고 나니 맨 아래 바닥에 편지봉투가 있었다. 몇 줄 안 되는 짧은 편지였지만 내 마음을 짠~하게 만들었다. "엄마, 할머니 나는 잘 지내고 있어… 그런데 아침에 눈을 뜨면 집이 아닌게

슬프다... 집에 가고 싶다... 입소하는 날 할머니의 눈물을 보니 마음이 짠하더라... 엄마, 할머니도 식사 잘하고 잘 지내고 있어." 등의 내용이었다. 나는 편지를 읽으며 그만 또 눈물을 흘리고 말았다. 태내에 있을 때부터 대화하고 어려서부터 친구처럼 지내며 군 입대하는 그날까지 집을 출입할 때마다 서로 허그하고 안아주면서 지낸 터라 조금은 버릇없이 말을 하지만 속이 깊은 아들이다. 이렇게 아들 이준희는 진짜 군인이 되었다.

"너희 염려를 다 주께 맡기라 이는 그가 너희를 돌보심이라" (베드로전서 5:7)

"모든 은혜의 하나님 곧 그리스도 안에서 너희를 부르사 자기의 영원한 영광에 들어가게 하신 이가 잠깐 고난을 당한 너희를 친히 온전하게 하시며 굳건하게 하시며 강하게 하시며 터를 견고하게 하시리라" (베드로전서 5:10)

29 편.
백마신병교육대

10월 21일 화요일에 입대한 아들은 의정부 306보충대에서 3일간 교육을 받고 24일 금요일 신병교육대로 이동하게 된다. 나는 배치되는 부대가 어떤 곳이 있나 살펴보기 위해 미리 306보충대대 홈페이지에 들어가 보았는데 여러 부대의 마크를 한 눈에 볼 수 있게 되어 있었다. 그때 말 그림이 내 눈에 확 들어왔다. 자세히 보니 백마부대라 씌어 있었고 위치는 일산이었다. 마크를 하나하나 살펴보던 중 준희가 좋아하는 하트 모양이 있어 관심있게 보니 너무 먼 곳에 위치한 부대였다. 나는 속으로 "일산이면 가까워서 좋은데... 하나님, 준희에게 가장 합당한 곳으로 보내 주세요."라고 순간 기도를 드렸다.

다음날 아침 문자가 들어왔다. 306보충대에서 보내온 문자였다. "훈련소 9사단, 자대 9사단" 나는 "9사단? 여기가 어딜까? 9사단?..." 되뇌이며 306보충대 사이트로 바로 들어가 확인하였다. 할렐루~야!!! 바로 백마부대였다. 나는 또 한 번 깜짝 놀랐다. 하나님께서 "내 귀에 들린 대로 시행하리라" 하신 말씀이 바로 이런 것인가? 훈련소도 자대도 모두 9사단이 된 것이다. 너무나 감사하였다. 5주간의 훈련을 통해 진정한 군인이 되었겠지? 아들을 군에 입대시킨 후 다른 어느 때보다도 더 바쁘고 정신없이 지냈다. 아마도 내 마음이 허전하지 않도록, 슬퍼하지 않도록 하나님께서 바쁘게 지내도록 하신 것 같다.

9사단으로 옮기고는 매일매일 백마부대 사이트에서 인터넷 편지를 쓸 수 있었다. 아들을 격려하고 아들에게 용기와 힘을 실어 주기 위해 마련된 코너였다. 나는 영적으로는 기도, 육적으로는 편지쓰기를 매일 하였다. 준희가 훈련소로 가고 한 주가 지난 주말 30일, 나는 알파성령수양회로 승동기도원에 올랐다. 점심식사 시간에 시어머님께 안부전화를 드렸더니 부대에서 편지가 왔는데 준희에 대해 묻는 설문지와 수료식에 참석할 참석자 명단 외 기타 기록물과 감사 나눔 100가지 내용쓰기 등이 들어 있다고 말씀하셨다. 최대한 빨리 보내달라고 했다는 말씀을 덧붙이셨다.

1박 2일의 알파 성령수양회를 마치고 집으로 돌아온 나는 설문지와 수료식에 참석할 참석자 명단을 작성하였다. 다음날 주일 오전, 오후예배를 드리고 난 후 오후 SOL교육까지 다 받고 집에 돌아와 준희를 생각하며「감사 나눔 100」을 적어 내려가기 시작하였다. 감사의 내용 60가지를 적고 나는 속으로 '여기까지만 쓰자.' 하는 생각을 하고 잠자리에 들었다.

다음 날 새벽예배를 드리고 기도드림을 마친 후 집에 오는 길에 자꾸 내 마음에서 「감사 나눔 100」 가지를 다 채우라는 내면의 소리가 들렸다. 그래서 집에 돌아와 나머지 40가지의 감사내용을 추가하여 적었다. 내가 지금까지 살아온 삶을 돌아보면 그야말로 하늘을 두루마리 삼고 바다를 먹물 삼아도 다 기록할 수 없을 만큼 감사할 내용이 너무나도 많다. 하나님의 은혜와 사랑 속에 살아온 삶이다. 「감사 나눔 100」을 통해 나의 삶 가운데, 양가 가정 가운데, 가족들에게 주신 하나님의 은혜가 얼마나 큰지를 돌아보는 계기가 되었다.

4주 동안 아들에게서 포상전화가 3번 왔었는데 나는 한 번도 받지를 못했다. 내가 받을 수 없는 상황에만 전화가 와 있었다. 아쉬운 마음을 이루 말로 표현할 수 없었다. 아들의 마음은 또 어떠했을까... 그래도 2회는 친할머니와 통화를 했기에 내게 위안이 되었다. 입대 후 훈련을 마치는 날까지 아들로부터 받은 편지는 모두 4통, 난 읽고 또 읽었다. 편지의 내용은 "견딜 만 해... 군대가 많이 좋아졌어... 체벌이 없고 대신 근력운동을 시키는데 그것도 시간이 정해져 있어... 내 걱정은 하지마... 엄마, 할머니 건강하게 잘 지내... 엄마 위주로 편지를 쓴 것 같아 할머니께 따로 편지를 써요... 엄마, 전화를 잘 좀 받아봐라... 4주차는 가장 힘든 화생방훈련과 각개전투가 있어. 5주는 좀 수월하대... 빨리 27일이 되어 가족 얼굴을 볼 수 있었으면 좋겠다..." 등이었다. 나 또한 매일 인터넷 편지를 썼는데 내용은 하루의 나의 일과와 함께 격려하는 내용이었다. "울 아들 잘할 수 있어… 언제나 하나님께서 너와 함께 하신다… 너를 위해 많은 분이 기도하고 있단다… 두려워 말고 담대해라… 서로 돕고 이해하고 격려하며 즐겁고 행복하게 지내렴,… 피할 수 없으면 즐겨라… 상사의 말에 복종해라… 항상 기뻐하고 범사에 감사하며 쉬지 말고 매 순간 기도하렴… 말씀을 읽고 매일 한 절씩 암송 하거라… 아마도 27일에 만남의 기쁨이 더 크라고 전화통화가 안 되었나 보다… 사랑하고 축복한다. 아들아!!!"로 날마다 끝을 맺었다.

   27일이 사흘 앞으로 다가왔다. 25일 저녁 성탄절 칸타타 연습을 위해 교회에 갔다. 연습 중 갑자기 핸드폰을 열어보란 마음이 들어 꺼내보는 순간 아뿔싸… 화랑 3중대 3소대 소대장님이라 적힌 번호로 부재중 전화가 와 있었다. 2분전에 왔었기에 난 밖으로 뛰어나와 전화를 걸었고 너무나 안타까운 마음에 연결이 되자마자 "안녕하세요 소대장님, 저는 194번 훈련병 이준희 엄마입니다. 준희가 전화를 했나 본데 또 받지를 못했네요. 어떻게 하지요?…"라고 울먹였다. 그러자 소대장님은 "어머님, 이준희 훈련병에게 전화하라고 안 했는데요…" "그럼… 번호가… 부재중 전화로 떴는데요." "제가 전화 드렸습니다." "아… 그러셨어요. 무슨일로…" "다름이 아니라 수료식 날 소감문을 낭독해 주셨으면 하고 부탁드리려고 전화드렸습니다." 나는 영문도 모르고 부탁하시는 소감문 낭독에 일단 순종하여 수락하였다.

짧은 순간에 준희를 생각하며 아들을 위해서 읽어야겠다는 생각이 들었고 자세한 내용을 여쭈었다. 다음날 나는 직접 소감문을 작성하였고 당일 가지고 가서 소대장님께 보여 드리고 통과(?)되어 식 중 낭독을 하였다. 부족한 나에게 272명의 부모를 대표하여 낭독하는 이러한 기회가 주어진 것은 하나님의 은혜가 아니고서는 있을 수 없는 일임을 알기에 오직 하나님께 감사하였다. 아마도 준희에게 하나님이 하신 일임을 알게 하시기 위함이 아니었나 하는 생각이 든다. 기도하는 엄마에게 베푸시는 하나님의 은혜, 살아계신 하나님의 역사하심을 사랑하는 아들 이준희로 하여금 보고 믿게 하기 위함이 아니었나 하는 생각이 들었다.

　27일 수료식 날. 우리는 기쁨 가득, 행복 가득한 만남의 시간을 가졌다. 매일 인터넷 편지를 쓰고, 매일 아들과 함께 찍은 사진을 보고, 군입대 하기 전 주일에 담임목사님께서 이준희의 입대를 위해 기도해 주실 때 찍은 사진을 식탁 유리 아래 넣고 매 순간순간 보면서 기도드리고 또 하루를 마치며 준희의 사진과 함께 가정 예배를 드리면서 예배 후에는 입대 전 아들과 함께 찬양으로 하나님께 영광을 올려 드렸던 녹음파일을 매일 몇 차례씩 들어서인지 아들을 만났을 땐 마치 어제 본 듯한 느낌이었다. 준희 또한 "그러게…"하며 공감하였다.

　영외면회로 신청한 우리는 준희가 먹고 싶은 음식을 먹기로 하고 일산동구 내에서만 점심을 해결해야 했기 때문에 일산동구에 있는 롯데백화점 내 프라이데이에서 식사를 하였다. 준희 외할아버지께서 감기가 너무 심해져서 못 오시게 되어 외할머니와 외삼촌은 준희 얼굴을 보고 격려해 주시고는 외할아버지와 식사를 하기 위해 아쉽지만 발걸음을 돌리셨고 친할머니와 준희 그리고 시어머님이 양아들 삼으신 동생과 함께 점심을 먹었다. 네모 식탁도 많이 있었는데 직원은 우리를 원탁으로 안내하였다. 시어머님 양옆에 나와 동생이 앉았고 나의 오른쪽 옆에 준희가 앉았다. 즐겁게 이야기 나누며 맛있게 식사를 하고 후식을 먹는 중 시어머님이 어지럽다고 하시며 약을 꺼내 식탁에 올려놓으시고 가방을 닫는 순간 갑자기 양팔과 다리에 경련이 일어나고 정신이 혼미해 지면서 어머님의 몸이 늘어지는 것이 아닌가!!!

몸이 차지고 식은땀이 났으며 의식을 잃어갔다. 나는 겉옷 단추를 풀며 동생과 함께 양쪽 팔을 주물렀다. 그리고 직원에게 119를 불러 달라고 부탁하고 나는 계속 어머님의 가슴을 치고 문지르며, 머리에 자극을 주고 목덜미를 주무르며 기도를 하였다. "주님, 도와주세요. 주님, 도와주세요." 그리고 내 입에서 치유 기도가 나왔다. 그러하기를 5분 정도 하니 시어머님의 의식이 돌아오기 시작했다. 뭔가 입에서 나올 것 같은 표정에 얼른 행동을 취했다. 노란 액체와 거품이 섞여 나왔다. 그리고 시어머님은 기운은 좀 없었지만 정상으로 돌아왔다.

그때 마침 119가 도착하였다. 시어머님은 병원에 가지 않아도 된다고 하시며 녹음 후 119를 돌려보내셨다. 그리고 우리는 준희를 제시간에 맞춰 부대에 복귀시켰다. 왜 이런 일이 있었을까...? 내 머리로 이해가 되지 않았다. 체한 것이었다면 음식물을 게웠을 텐데 그것도 아니고... 시어머님은 또한 억지로 먹었거나 배가 아프거나 속이 좋지 않거나 하지도 않았다고 말씀하셨다. 왜 그랬는지 도무지 알 수가 없다고 하신다. 준희는 내내 눈을 떼지 못하고 "할머니! 왜 그래...?"하며 어찌할 바를 몰라 불안해하였다. 이 또한 하나님께서 준희에게 모든 것, 생사화복을 주관하시는 분이 하나님임을 보게 하시고 알게 하심이 아닌가 하는 생각이 들었다.

나에게 담대함을 주시고 그 상황에서 기도하게 하신 하나님께 감사드린다. 동생도 믿음이 성장해 가는 단계에 있는데 이러한 경험을 처음 해 보아 많이 당황하고 놀랐다고 한다. 하지만 하나님께서 우리 가정에서 역사하시는 여러 가지 일들을 보며 살아계신 하나님을 체험하고 하나님을 알아가고 있다.

모든 상황과 환경을 주관하시는 분이 하나님이시고 하나님은 능히 하지 못함이 없으신 전지전능한 분, 무소 부재하신 분이시며 어제나 오늘이나 내일도 언제나 동일하게 살아 역사하시는 분이시다. 다음 날 시어머님은 기운이 좀 없어 새벽예배를 드리러 가지는 못하셨지만 평소보다 더 밝고 평안하셨다. 그리고 그 다음 날부터는 여느 때처럼 새벽예배도 가시고 보다 더 기분 좋게 생활하신다. 새 생명을 주신 하나님께 감사와 찬송과 영광을 올려드린다. 수료식 날의 짧은 면회시간이었지만 하나님께서 사랑하는 아들 이준희에게 하나님이 하신 큰일을 보게 하셨다. 나는 기대가 된다. 앞으로 하나님께서 이루실 크고 비밀한 일들이!!!

드디어 다음날인 28일 이준희는 이병으로 백마부대 28연대 1대대 3중대 3소대 소총수로 자대 배치를 받아 이동하였다. 하나님께서 주신 귀한 선물 준희가 본격적으로 시작하는 군생활을 온전히 하나님과 함께 동행하며 자신의 하나님으로 삼고 평생 하나님 마음에 합한 자, 믿음의 장부 이준희가 될 줄로 믿으며 하나님께 감사와 찬송과 영광을 올려드린다. 할렐루~야!!!

P.S: 내가 소감문을 읽게 된 이유를 27일 수료식을 마치고 귀가하여 알게 되었다. 내가 14-17기 3중대 「감사 나눔 우수자」로 선정이 된 것이다. "감사는 축복이다." 감사 100가지를 채우게 하신 하나님. 하나님께서 역사하심을 또 보게 하셨다.

"하나님의 약속은 얼마든지 그리스도 안에서 예가 되니 그런즉 그로 말미암아 우리가 아멘 하여 하나님께 영광을 돌리게 되느니라 우리를 너희와 함께 그리스도 안에서 굳건하게 하시고 우리에게 기름을 부으신 이는 하나님이시니 그가 또한 우리에게 인치시고 보증으로 우리 마음에 성령을 주셨느니라"

(고린도 후서 1:20-22)

"감사로 하나님께 제사를 드리며 지존하신 이에게 네 서원을 갚으며 환난 날에 나를 부르라. 내가 너를 건지리니 네가 나를 영화롭게 하리로다" (시편 50:14-15)

"이 하나님은 영원히 우리 하나님이시니 그가 우리를 죽을 때까지 인도하시리로다" (시편 48:14)

훈련병 부모님 소감문

194번 훈련병 이준희 어머니

하늘이 선물해 주신 귀한 보물!!! 사랑하는 화랑 3중대 272명의 아들 여러분, 그동안 훈련을 받으며 더욱 마음과 생각이 자라 의젓하고 듬직한 모습으로 이 자리에서 다시 만나게 되어 무척 기쁘고 감사합니다. 훈련받는 기간 동안 힘들고 어려운 일들도 많았을 텐데 잘 견디어 주어 고맙다는 말과 함께 격려의 박수를 보냅니다.

입소하던 지난 10월 21일, 잠시 동안의 헤어짐이지만 우리 마음에 슬픔을 대변하듯 하늘도 많은 비를 뿌렸습니다. 비를 맞으며 가족과 친구를 등뒤로 한 채 아쉬움과 그리움의 마음을 안고 뒤를 돌아다보며 무거운 발걸음으로 "군대"라고 하는 새로운 환경으로 들어가던 아들들의 모습에 그만 눈시울을 적시고 말았답니다. 그런데 5주라는 시간 동안 교육과 훈련을 통해 하루하루 변해가는 아들들의 모습을 보며 슬픈 마음보다 대견함과 뿌듯한 마음이 더 커졌고 기쁨과 감사의 마음을 감출 수가 없었답니다.

아들을 염려하는 부모의 마음을 헤아려 배려해 주셔서 백마신병 교육대대 카페 등을 통하여 실시간 올려 주시는 공지사항과 일정안내, 훈련과정, 소대원들의 사진, 내무반 사진 등을 보며 하루하루의 군생활과 군복을 입은 모습이 어색하지 않은 군인다운 멋지고 씩씩한 모습으로 변모해가는 사랑스러운 아들들의 모습을 볼 수 있어 안심되었고 아울러 뿌듯한 마음도 품게 되었답니다. 그동안 배려해 주시고 애써주신 백마신병교육대대 모든 분께 진심으로 감사의 마음을 전합니다.

이곳에서 교육을 받은 아들 여러분은 이제 대한민국의 국군으로서 책임과 임무를 다 하여야 할 것입니다. 나라가 존재해야 내가 있고 가족이 있고, 사회가 있을 수 있음에 먼저 나라를 사랑하고 나 자신이 귀한 존재인 만큼 상대방 또한 귀함을 알아 서로 존중하며 배려하고 사랑하는 가운데 혹, 힘들고 어려운 일이 있다 할지라도 서로 협동하고 인내함으로 잘 견디어 나가길 부탁합니다. 아무쪼록 우리의 아들들 모두가 제대하는 그 날까지 더욱 건강하고 지혜롭고 행복한 군생활을 영위하길 기도합니다.

끝으로 부족함이 많은 모습으로 입대한 우리의 아들 모두가 이렇게 건강하고 늠름하고 의젓한 모습을 갖출 수 있도록 교육과 함께 지도편달해 주신 대대장님과 중대장님, 소대장님 그리고 훈련병들과 함께 뛰었던 모든 교관님과 조교님, 보이지 않는 곳에서 애써주신 많은 군 관계자 모든 분께 다시 한 번 훈련병 부모를 대표하여 머리 숙여 깊이 감사의 마음을 전합니다.

"감사합니다."

14-17기 화랑 3중대 훈련병 여러분!!! 훌륭한 대한민국의 군인이 되어주십시오.

자랑스럽고 사랑스러운 우리의 아들들을 믿습니다. 제대하는 그 날까지 화이팅!!!

사랑합니다. 축복합니다.

2014년 12월 27일 훈련병 이준희 모 허지영

30 편.
아들 군 입대 후 첫 면박

〈2014.12.27-28 첫 면박 첫째 날〉
사랑하는 아들 이준희의 첫 1박 2일 면박!!!

파주시 오산2리 부대로 가서 아들을 데리고 나왔다. 군생활에 필요한 군용물건을 구입하기 위해 금촌 마크사로 향하였다. 이동하며 달걀을 넣고 오븐에 구운 쌀빵으로 간단히 요기하였다. 금촌 마크사에서 휴가 나올 때 메는 배낭과 그 외 필요한 물건을 모두 샀다. 부대에서 추운 겨울을 나려니 필요한 물건이 소홀치 않게 참 많았다.

추위에 보초를 서며 군생활을 해야 하는 아들을 생각하니 마음이 너무 짠하고 안쓰러웠다. 구입한 모든 물건을 배낭에 넣어 메고 일산 라페스타 거리로 나와 롯데백화점 내(10층) 한식뷔페에 가서 아침 겸 점심을 먹고 예약해 놓았던 호텔로 와서 짐을 풀고 이야기를 나누며 잠시 쉼의 시간을 가졌다. 그리고 CGV에 가서 '님아, 그 강을 건너지 마오.'란 영화를 관람하였다. 가족애를 진하게 느낄 수 있었다. 관람 후 저녁으로 아들이 원하는 봉

추찜닭을 먹고 후식으로 빙수를 먹기 위해 설빙에 갔다. 딸기 빙수와 쵸코 빙수. 역시~~!!!라페스타 거리를 걸으며 구경도 하고 화장품 가게에 가서 아들이 사용할 쉬장크림과 클렌징 티슈를 샀다. 그리고 다시 숙소로 향하였다. 가족이 함께 여행을 온 느낌이다. 참 행복했다.

　준희가 직접 물을 끓여 녹차를 타 주었다. 차를 마시며 도란도란 이야기꽃을 피웠다. 하루 동안 함께 해 준 동생을 배웅하며 홈플러스에 들어가 간식을 사는데 한 여직원이 "한 사람이 한 개씩 가져가세요."라고 하는 말에 쳐다보니 요즘 인기있고 구하기 어렵다는 과자 '허니 버터칩'이었다. 나는 하나를 받아들었다. 그러자 시어머님도 한 개를 받으셨다. 우리 가족은 아직 먹어 보지 못한 과자이기에 숙소로 오는 길 내내 기분이 좋았다. 준희에게 과자를 건네자 과자를 받아들고는 "대박~"이라며 환하게 웃었다.

　사랑하는 아들 이준희를 건강하고 안전하게 지켜주시고 보호하시며 불꽃같은 눈동자로 지켜주시는 하나님께 감사를 드린다. 항상 우리 가운데 거하시는 임마누엘의 하나님을 찬양합니다. 할렐루~야!!! 하나님 사랑합니다.

　내일을 위해 찬송과 기도로 하루를 마무리하고 꿈나라로 여행을 떠났다.

〈2014.12.27-28 첫 면박 둘째 날〉

　어젯밤에 '허니 버터칩'을 맛있게 먹고 시간이 아깝다며 2시가 넘어서야 꿈나라로 여행을 떠난 아들 이준희. 나는 새벽 5시 30분에 일어나 준희와 이야기한 대로 본 교회인 꿈의숲교회로 가서 2부 예배를 드리며 찬양대로 섬겨 하나님께 영광을 올려드렸다. 삼촌이 아침에 숙소로 와서 준희와 시어머니를 모시고 아침식사를 한 후 숙소 근처에 있는 벧엘교회에 가서 예배를 드렸다. (준희는 일산을 벗어 날 수가 없기 때문이다.) 나는 2부 예배를 마치고 3부 예배를 위해 정병단 중보기도를 드리고 준희가 있는 곳으로 다시 가기 위해 발걸음을 재촉하였다. 택시를 타기 위해 기다려도 오지 않아 마음이 조급해 지려는 찰나에 3부 예배를 드리는 성도를 태우기 위해 나가는 교회차량을 봉사 운행하시는 집사님께서 "허집사님, 어디를 급하게 가세요?" 하고 물으셨다. 6호선 돌곶이 전철역에 가려 한다고 말씀드리자 가는 방향이라며 태워주셔서 시간을 절약할 수 있었다. "여호와 이레" 하나님의 예비하심을 또 한 번 경험하게 되었다. 우리는 12시에 다시 만났다. 그리고는 준희가 원하는 대로 사우나에 가서 그동안 제대로 씻지 못한 몸을 깨끗이 씻었고 개운한 기분과 함께 피로를 풀 수 있었다.

　준희 덕분에 시어머니와 나도 처음으로 찜질방을 이용하였다. 씻고 나온 준희, 삼촌과 함께 합류한 우리는 구운 계란도 먹고 식혜도 먹고 빵도 먹고 귤도 먹고 옥수수도 먹고 불가마에도 들어가고 살짝꿍 잠도 들었다. 정신을 차리고 3시에 나와서 준희가 먹고 싶었던 '미스터 피자'를 먹기 위해 매장을 찾아 주엽역 부근으로 갔다.

며칠 전 보초를 서기전에 선임병과 함께 라면을 8개를 끓여먹고 탈이 났었던 터라 그런지 평소보다 음식을 잘 먹지를 못했다. 그래서 너무나 아쉬웠다. 4시 30분경 나와서 부대를 향하여 출발했다.

면박을 나올 때처럼 밝은 목소리의 말소리는 들리지 않고 무거운 한숨소리와 함께 "들어 가기 싫다…"라고 말하는 소리만 간간이 들렸다. 나는 마음이 아팠다. 아무 말도 할 수가 없었다… 드디어 도착!!!

난 부대 입구까지 아들의 배낭을 메고 손을 꼬옥 잡고 걸으며 말했다. "준희야, 하나님께서 함께하시니 강하고 담대히 잘 해라. 알았지? 사랑하고 축복해." 꼬옥 안아주고 들여보냈다. 그런데 눈물이 하염없이 흘러내렸다. 걸어 들어가는 뒷모습을 바라보는 내내 마치 수도꼭지를 틀어 놓은 것처럼 눈물이 흘렀다…

이렇게 우리는 또다시 각자의 자리로 돌아갔다.

"사랑하는 아들 준희야, 언제나 너를 지키시고 보호해 주시는 하나님이 늘~네 곁에 계시니 강하고 담대하렴. 엄마는 너의 옆에서 너와 함께할 순 없지만 하나님 앞에 무릎 꿇고 손 모아 너를 위해 기도할게. 힘내고 건강하게 잘 지내렴. 동료들도 잘 챙기고 섬기며 순종하면서... 무엇보다 하나님을 경외하고 하나님을 사랑하며 하나님의 말씀에 순종하는 아들 이준희가 되렴. 엄마는 그리 할 줄 믿어. 멋진 아들 준희야, 사랑하고 축복해.♡"

〈후기〉

그렇게 헤어지고 월요일은 정신을 못 차릴 정도로 극도로 피곤하여 낮잠을 잤다. 그리고 저녁에 정신을 차리고 준희에게 장문의 편지를 썼다. 그런데 우체통이 내가 출근하는 길과 반대 방향에 있어 시어머님께 부탁을 드려 다음날 새벽예배를 드리러 가시는 길에 우체통에 넣어 주셨다. 그런데 준희에게서 밤에 전화가 왔다. 면박 시 찍은 사진을 출력하여 보내달라는 내용이었다. 감사한 것은 준희의 목소리가 밝고 힘이 있었다. "준희야, 마음 괜찮어?" "응, 괜찮어" 할렐루~야!!! 너무나 감사했다. 오히려 그 말에 내가 위로를 받았고 새 힘을 얻게 되었다. 내 마음이 힘들어하니 전화통화를 하게 하시어 나를 위로하시는 하나님께 또 한 번 감사를 드렸다.

살아계셔서 모든 일을 주관하시는 만군의 주 하나님을 송축하며 찬양한다. 주님, 사랑합니다.

31 편.
아들의 첫 휴가

사랑하는 아들이 군 입대 한지 123일째 되는 날이다. 자대 배치를 받고 첫 100일 휴가를 2월 3주 금요일로 신청했는데, ASP 탄약고를 지키러 중대가 가게 되어 그림의 떡이 되고 말았다. 1월말 사회복지 실습을 마치고 하나님이 주신 보너스인 양 갑작스러운 기회가 주어져 면회를 갔을 때 자대로 다시 돌아가고 난 후인 3월 말에나 휴가를 나올 수 있다고 말하였다.

그런데 이게 웬일인가~!!!

2주 전 전화를 해서 1월 20일에 나올 수 있다는 것이었다. 나는 재빨리 달력을 보며 또 한 번 놀랐다. 구정 연휴기간 이었다. 아들 자신도 알지 못하고 신청한 날짜라고 한다. 온 가족을 함께 볼 수 있게 되어 무척 기뻤다.

휴가를 받은 20일 당일, 첫 휴가라 아들을 데리러 새벽예배를 드리고 기도를 평소보다 일찍 마친 후 ASP 부대로 향하였다. 저만치서 나오는 아들의 얼굴을 바라보는 나의 입가엔 어느새 행복함의 미소가 번졌다. 보초를 서는 군인의 손에 의해 철

통같은 문이 열리고 아들은 의연하게 걸어 나왔다. 손을 맞잡고 아들을 안으며 만남의 축복, 행복을 만끽하였다. 그리고 집으로 와서 할머니와 함께 이야기를 나누며 간단히 다과를 먹고 외갓집 식구들을 만나기 위해 외삼촌 집으로 갔다.

설날인 어제도 가족이 모두 모였는데 오늘 준희를 만나기 위해 다시 모두가 한자리에 모였다. 가족의 사랑에 감사, 그저 감사한 마음이다. 그 누구보다 항상 나를 놀라게 하시고 큰 기쁨과 행복을 주시는 하나님께 감사와 찬송과 영광을 올려드린다.

나보다 나를 더 잘 아시고, 모든 상황과 환경과 여건을 주관하시는 나의 하나님, 나의 아바 아버지!!! 사랑합니다. 사랑합니다. 사랑합니다.

가족과 함께 행복한 시간을 보내고 집에 돌아와 모처럼 편안한 잠자리에 들었다.

다음날, 보고 싶었던 친구도 만나고 영화도 보고 시간을 쪼개어 하루를 보내고 휴가 세쨋날인 주일을 맞아 함께 하나님의 전에 나아가 예배를 드리고 담임목사님께 기도를 받고 난 후 교회 식당에서 점심을 먹으며 본인이 소속되어 있던 3부 찬양대 대원들과 인사를 나누고 교회 어르신들께 인사를 드렸다. 이렇게 하루를 보내니 어느새 복귀해야 하는 시간이 되었다. 다음 날인 월요일, 복귀할 때는 대중교통을 이용하기로 하였다. 선임이 알려 준 대로 전철을 타고 원당역에서 내려 택시를 타고 가기로 하였다.

원당역에 도착하여 전철에서 내려 나가는 출구를 찾는데 창밖으로 보았을 때 내 생각엔 오른쪽 출구로 나가야 할 것 같은데 몸은 어느새 왼쪽 출구로 나가 계단을 내려가고 있었다. 아무것도 없는 황량한 벌판 같은 느낌이 들었다. 전철 역사를 끼고 뒤로 돌아 나오니 십자모양 사거리 교차로가 나왔다. 마침 길 건너편에 택시에서 사람들이 내리고 있었다. "신호야 바뀌어라. 신호야 바뀌어라." 발을 동동 굴렀다. 드디어 신호가 바뀌었다. 우리는 신호가 바뀌자마자 뛰어 길을 건너가 택시를 타려 하였다. 그런데 기사님께서 승차할 수 없다고 손을 흔들어 보이며 출발하는 것이 아닌가…

그 자리에 한참을 서서 기다렸으나 택시가 오질 않아 또 다시 옆 십자로의 길을 건너가 기다렸다. 그러나 시간만 흘러 흘러가고 여전히 택시는 오지를 않았다. 또 다시 맞은편으로 길을 건넜다. 결국 세 번 길을 건너 번화가일 것 같은 쪽으로 건너오고야 말았다. 아들은 귀대시간을 못 맞출까 염려가 되어 내내 불안해하고 초조해하며 콜택시를 부르자고 재촉하였다. 그런데 내 마음엔 뭔지 모를 확신이 있었다. 나는 아들 준희에게 "아들! 기다려봐. 이제 곧 하나님께서 빈 택시를 보내 주실 거야."라고 말하였다. 말은 하였지만 내 마음 한구석에선 '안 보내 주시면 어쩌지? 아냐, 신실하신 하나님께서 준희에게 하나님이 살아계심을 보여 주실 거야.' 이렇게 생각하며 순간 기도를 드리고 "아들, 이제 곧 보내 주실 거야!" 하고 선포하였다.

할렐루~야!!! 선포하고 1분도 채 안 되어 '빈차'를 표시하는 등에 빨간 불을 켠 택시가 우리를 향해 달려오는 것이 아닌가. 난 뒤돌아 아들을 보며 "거봐, 아들. 보내 주셨지?" 의기양양하게 말한 후 택시를 세워 타고 부대로 향하였다. 역시 우회전을 하여 번화가가 나올 것 같았던 길로 달렸다. 하나님은 오늘도 이렇게 사랑하는 택한 백성, 하나님의 거룩한 백성에게 은혜를 베풀어 주셨다.

더 놀라운 것은 아들을 부대로 들여보내고 되돌려 원당역으로 나오는 길에 "기사님, 원당역에서 택시를 타기가 어쩜 이렇게 힘들어요? 택시 오기를 오랜 시간 기다렸어요."라고 말씀드리자 "아니, 택시가 얼마나 많은데요. 줄지어 서서 기다리고 있는데… 내가 원당역 가서 알려 드릴게요"라고 말씀하시는 것이 아닌가!

원당역에 도착하여 손으로 한 곳을 가리키셨다. 아니 이럴 수가… 바로 내 머리에서 '저 쪽이 부대로 가는 길 같은데… 번화가 같은데…'라고 생각했던 오른쪽으로 내려왔으면 바로 길 건너편에 빈 택시들이 줄지어 서 있는 택시 승강장이 아닌가!!! 나는 또 한 번 놀라지 않을 수가 없었다. 준희를 군에 보내며 나의 마음에 품은 생각, 기도 제목이 바로 군생활을 하며 살아계신 하나님을 만나 자신의 하나님으로 고백하는 것과 또 다른 하나는 군생활이 군 선교사로서의 삶이 되는 것이었는데 이번 일로 또 한 번 하나님께서 하신 일임을 명백히 보게 하셨다. 아마도 줄 서 있는 택시 승강장이 있는 곳으로 내려가 바로 택시를 타고 부대로 갔다면 도우시는 하나님의 역사하심을 보지 못했을 것이다.

　항상 언제나 어디서나 우리의 가는 길과 걸음을 인도하시는 하나님을 찬양한다. 할렐루~야!

　"네 길을 여호와께 맡기라. 그를 의지하면 그가 이루시고"
　(시편 37:5)

　"내가 너와 함께 있어 네가 어디로 가든지 너를 지키며 내가 네게 허락한 것을 다 이루기까지 너를 떠나지 아니하리라"
　(창세기 28:15)

　"사람이 마음으로 자기의 길을 계획할지라도 그의 걸음을 인도하시는 이는 여호와시니라" (잠언 16:9)

32 편.
전역한 아들의 고백

1991년 봄 어느 날이었다. 마치 화창한 날 갑자기 천둥번개를 동반한 소낙비가 퍼부어 우산 준비 없이 나왔다가 그 소낙비를 고스란히 맞고 물에 빠진 생쥐가 된 것 같은 느낌을 받았다. "아빠, 엄마 저 결혼 할래요." 위로 두 언니가 솔로로 버젓이 있는데 여동생이 대학을 졸업하고 얼마 되지 않아 부모님께 선포한 말이다. 나와 언니는 멍한 상태로 말문을 잇지 못하였다. 대학 4학년 때 동부화재에서 아르바이트를 하던 여동생은 지금의 제부를 만난 것이었다. 나는 대학을 졸업하고 유치원에서 아이들과 열심히 사랑을 나누고 즐겁고 행복한 생활을 하는 3년차 교사로 다른 것에 눈 돌릴 새가 없이 바쁘게 지내던 때이다. 그래서 나는 충격을 받았다. '아, 그래. 결혼도 해야 하는구나.' 나는 그 날로부터 결혼을 하기 위해 배우자를 위한 기도에 들어갔다. 그리고 92년 봄에 초등학교, 고등학교 동창인 남편을 만나게 되었고 양가 부모님께 먼저 인사를 드린 후 정식으로 교제를 시작하며 93년 4월 24일 결혼을 하였다. 동생보다 2년 늦게 결혼을 하였지만 일에 도취되어 혼기를 놓칠 뻔한 나를 동생이 구제해 주었다.

　나는 결혼을 하고 알콩달콩 너무나 재미있게 지내던 중 그해 겨울 영화「마이키 이야기」를 보게 되었다. 순간 아기를 갖고 싶단 생각을 하게 되었다. 나이를 생각해 보니 30세 이전에 출산하는 것이 좋을 것 같다는 결론을 내리게 되었다. 약 한 달간 미리 건강을 관리하며 "건강하고 지혜롭고 명철한 아들을 주세요…"라고 기도하며 아기 맞을 준비를 하였다. 그리고 첫 달이 지났다. 그런데 아기가 생기지 않았다. 나는 엉엉 울었다. 너무 간절히 원해서였는지 정말 임신한 것 같은 느낌이 있었는데 임신이 아니어서 더 서러웠다.

　남편은 아기를 안듯 나를 자신의 가부좌한 다리 위에 앉혀 감싸 안아주고 등을 토닥토닥 두드리며 위로를 해 주었다. 그리고 다음 달, 우리는 환호성을 질렀다. "야~!!! 아기가 생겼다." 임신한 후 나는 매일 "아들이어야 해요. 아들 주세요."하고 간절히 기도했다. 독자인 남편이기에 대를 이어가야 한다는 생각에 첫째는 무조건 아들이어야 내 마음이 편 할 수 있을 것 같았기 때문이다. 1994년 9월 11일. 병원에 간 지 하루 반나절이 지나서 우여곡절 끝에 결국 제왕절개를 하고 아기를 받았다. 자연분만을 하려고 버티고 버텼는데 문이 안 열리고 양수가 먼저 터졌다. 그런데도 난 자연분만을 하겠다고 고집을 부려 12시간을 더 버텼다. 그런데 의사선생님께서 "더 시간이 지나면 감염이 될 수 있어 아기가 위험합니다."라고 하셔서 결국 눈물을 흘리며 제왕절개를 할 수밖에 없었다. 드디어 "응애, 응애~~" 고추를 달고 세상 밖으로 나와 아빠, 엄마의 품에 안기었다.

하늘이 선물해 주신 귀한 보물, 사랑하는 아들 이준희!!!

아들을 가진 부모라면 누구나 군에 보내야 하는 시기를 맞아 마음이 편치 않음을 경험하였을 것이다. 그래서 아들의 안위를 위해 신(神)을 찾게 되고 의지하며 기도함으로 마음의 평안을 얻게 되는 경우가 참으로 많다. 나 또한 결혼 후 하나님께 기도함으로 얻은 하늘이 주신 보물인 아들 이준희를 2014년 10월 21일 나라의 아들로 군에 입대시키며 "하나님, 하루하루 하나님께서 준희를 건강과 안전으로 지켜주시고 동료들을 섬기고 사랑하며 즐겁고 행복하게, 또 감사함으로 군생활을 함으로 하나님을 전하고 증거하는 군 선교사가 되게 하옵소서. 하나님의 살아계심을 군생활을 통해 보게 하옵소서. 예수님의 이름으로 기도드립니다. 아멘."하고 기도를 드렸다. 군생활 중 아들이 집으로 전화를 할 때면 난 항상 "사랑하는 아들아, 하나님은 언제나 너와 함께 하신다. 너를 지키시고 보호하신다. 그리고 양가 할아버지와 할머니, 그리고 정말 많은 분이 널 위해 기도하고 계신단다. 그러니 두려워 말고 담대하고 늘 기쁨과 감사함으로 생활하렴. 너와 함께하는 병사들을 사랑으로 잘 섬기고 또 베풀고 나누렴. 빛이 되고 소금이 되고 그리스도의 향기가 되어라. 사랑하고 축복해 아들!!! 넌 잘 할 수 있어."라고 이야기하고는 늘 기도를 해 주었다.

　군생활을 마치고 전역을 하면 어학연수를 보내고자 하는 마음을 주셔서 기도로 준비하며 여동생이 있는 LA 인근 학교를 알아보고 5월 31일에 어학연수 서류를 신청하였다. 그런데 페이스북 친구인 청주에 사시는 이종희 사모님께서 갑자기 "만나고자 하는 마음이 들어 연락했다."고 문자를 주셔서 6월 둘째 주 토요일인 11일에 남부터미널에서 만나게 되었다. 사실 2014년에도 만나란 마음이 든다면서 처음 연락을 주셨고 직접 서울로 올라오셔서 혜화동에서 만나 대화하는 중 내게 많은 위로와 힘이 되어 주셨기에 약 2년 만에 연락이 온 이번에도 순종하는 마음으로 만나게 되었다. 만나서 대화하는 중 준희의 안부를 물으셔서 군 제대를 앞두고 있으며 어학연수를 준비하고 있다고 말씀드렸더니 사모님의 딸도 이번에 뉴질랜드로 어학연수를 가게 되었다는 말씀을 하셨다.

　그런데 그곳은 일반 학교와 달리 수업을 마친 후 오후엔 봉사와 선교활동을 하는 곳이라고 부연설명을 하시며 올해는 5월 31일로 신청이 마감되었으니 기회가 되면 준희도 내년에 보내라고 말씀해 주셨다. 이렇게 좋은 만남을 마치고 우린 기약 없이 또 헤어졌다. 그런데 다음날인 12일 주일에 사모님으로부터 문자를 받았다. "주일예배를 드리기 전에 기도를 드리는데 갑자기 준희를 위한 기도가 나왔고 뉴질랜드 에든버러컬리지를 생각나게 하셨습니다. 이상하다. 왜 이 학교를 생각나게 하실까… 했는데 저녁에 딸을 통해 특별전형으로 반액 장학생을 6월 25일까지 추가모집한다는 것을 듣게 되었으니 기도해 보세요."라는 내용이었다. 마침 아들이 휴가중이어서 이야기를 하였더니 "선교는 무슨 선교…"라며 반응이 신통치를 않았다. 난 마음속으로 순간 기도를 드렸다. "하나님, 이곳으로 가는 것이 하나님 아버지의 뜻이라면 준희의 마음을 움직여 주시고 준비를 할 수 있게 환경을 열어 주세요." 그리고 난 사모님께서 알려 주신 사이트에 들어가 준비사항을 출력하고 준희에게 보여 주었다.

정말 준비해서 보내야 할 사항이 너무나도 많았다. 요구하는 자기소개서(성장과정 및 비젼, 신앙고백서, 성격과 취미, 지원동기)와 독후감, 그 외 서류 등이었다. 정말 이곳으로 어학연수를 가고자 하는 아들의 마음이 있지 않고서는 보낼 수 없는 일이었다. 그런데 놀라운 일이 일어났다. 아빠를 닮아 한 번 아닌 것은 대쪽같이 아닌 성격을 소유한 아들이, 선교어학연수란 말에 툴툴대던 그 아들이 사부작사부작 서류를 준비하고 있는 것이 아닌가! 신기하게도 준희가 복귀하기 전날인 6월 21일에 뉴질랜드 에든버러컬리지로 서류를 보내게 되었다. 그리고 7월 5일, 아들이 말년휴가를 나와 전철을 탔는데 외국에서 전화가 와서 전화를 얼른 끊었는데 잠시 후 또 동일한 전화가 와 자신도 모르게 받게 되었다고 한다. 그것이 뉴질랜드에서 걸려온 2차 면접이었던 것이다. 서류를 보낸 후 아들은 군에 복귀하고 나는 유럽 비젼트립을 가게 되어 1차 합격 통보도 받지 못해 전화가

올 것을 모르는 상황에서 전화를 받게 된 것이었다.

다음 주 12일에 최종 합격 통보를 받았고 아들은 7월 19일 복귀해서 다음 날인 7월 20일에 21개월간의 군 복무를 모두 마치고 전역을 하게 되었다. 모든 것이 신기하고 놀라웠다. 매여 있는 군생활 가운데 한 치의 오차도 없이 시간 시간을 통해 일하시는 하나님이 놀라울 뿐이었다.

뉴질랜드 에든버러컬리지에 보낸 서류 중 이은타 목사님의 「재벌하나님 나의 아버지」란 책을 읽고 아들이 쓴 독후감을 읽으며 아들의 군생활을 엿볼 수 있었다. 그 내용을 소개하고자 한다.

「"하나님, 9사단 백마부대까지는 좋습니다. 강안부대에 가지 않고 28연대에 간 것도 뭔가 하나님의 뜻이 있으셨으리라 믿습니다. 하지만 하나님, 제발 1대대는 아니게 해주세요. 시설은 낡았는데, 훈련도 많고 힘들기로 유명하다고 합니다. 제발 시설이라도 좋은 2,3대대로 가게 해주세요. 꼭 동반입대와 함께 그 대대로 갈 수 있게 드와주세요. 예수님의 이름으로 기도 드립니다. 아멘"

백마신병교육대대에서 모든 훈련을 마치고 자대배치를 받기 하루 전, 내가 하나님께 드렸던 기도였다. 하지만 다음 날 우리는 그 많은 부대들 중 보란 듯이 내가 꼭 피하고 싶었던 28연대 1대대를 가게 되었다. 소낙비가 주룩주룩 내리던 날, 자대로 가는 버스 안에서 의류대를 껴안고 창밖을 내다보던 나의 마음속에도 어느새 소나기가 내리고 있었다. 당시에는 겪어보지도 않았으면서 무엇이 그리도 두려웠을까? 왜 다른 부대가 아닌 하필이 부대로 나를 보내신 하나님의 뜻에 대해 생각해 보지 않았을까? 나는 말년병장인 현재 기관총 사수라는 보직을 갖고 있으며, 꽤 인기있는 이발병으로 병사들과 간부님들의 헤어스타일을 관리하여 포상휴가도 받았고, 대대장님과 인사과장님 밑에서 중대 또래 상담병으로도 활동하고 있다. 뿐만 아니라 후임들 사이에서 일명 '천사선임'으로 불리며 많은 후임들이 따라주고 있고, 소대장님과 소대 간부님들께도 인정받으며 즐거우면서도 스펙터클했던 군생활의 마지막 페이지를 넘기고 있다.

「재벌하나님 나의 아버지」란 책을 통해 나는 이은태 목사님 삶의 전체적인 자취와 군생활에서 끈기있게 예배에 참석하시며 직접 체험하셨던 기적들. 하나님께 호되게 매를 맞고서야 하나님 앞으로 다시 돌아올 수 있었던 경험과, 신학공부를 위한 뉴질랜드 유학, 그리고 그곳에서 여러 어려움을 겪으며 감탄스러운 기적들로 이루어 가신 영어학교 설립과 뉴질랜드 최대 선교센터 건립의 과정에 대해 알 수 있었다. 나는 책을 읽으며 문득 나의 삶을 돌아보며 적용시켜보고 싶어졌다. 아직 나의 미래, 앞날에 대해서는 나아갈 길과 방향이 무궁무진하지만, 나의 지난 군생활에서 내 신앙생활은 어떠하였고, 하나님께서 어떤 방식으로 나를 지켜주시며 보호하여 주셨을까? 곰곰이 생각하며 하나님의 깊고 비밀하신 뜻을 문득 깨달아 알 수 있다면 그만큼 감동적이고 즐거운 일이 없을 것이다. 그럼 이제부터 하나님께서 인도해 주셨던 나의 군대이야기를 회상해 보는 기회를 가져볼까 한다.

아무리 훈련이 닿아 힘들기로 소문난 벅마부대라고 해도 다른 부대와는 차별화된 제도가 하나 있다. 바로 '1년 동기제' 가 그것이다. 내가 전입하기 몇 달 전부터 시범적으로 운영되고 있던 체제로, 같은 해에 입대한 군번은 모두 동기로서 생활하는 제도이다. 사단장님이 바뀌며 내무생활의 악 폐습, 부조리 근절과 청정병영이 주요관리사항으로 여겨지기 시작했던 것이다. 이와 같은 이유로 생활관도 동기제 생활관을 쓰는 등 신병이 군생활에 빠르고 긍정적으로 적응하기에는 매우 유리한 체제였다. 즉, 나보다 높은 위치에 있는 대상에게 편하게 다가가거나 싹싹하게 행동하는 것을 어려워하는 나 같은 경우에는 매우 적절한 시기에 백마부대로 배정받은 것이다. 만약 다른 부대로 갔다면 1개월 동기제, 3개월 동기제라는 체제 안에서 나의 성격 때문에 힘들고 눈에 잘 뜨지 않는 군생활을 했을지도 모른다. 하지만 하나님의 뜻이 있으셔서 이렇게 1년 동기제인 9사단에 배정시켜 주셨고, 동기와 후임들 사이에서 이렇게 눈에 띄는 병사로 높이 들어 써 주셨다는 사실에 정말 감사할 따름이다.

훈련이 많을수록 병영생활에 있어서 부조리가 적고, 몸이 편한 부대일수록 부조리가 많다는 이야기가 있다. 나는 그 말이 사실이라는 생각이 든다. 처음 이 부대로 전입해 왔을 때부터 내가 밖에서 상상했던 군대의 모습과는 많이 달랐다. 물론 남자들끼리 생활하는 장소이다 보니 욕설이 완전히 근절될 수는 없을 것이지만, 폭력만큼은 없었다고 자부할 수 있다. 고된 훈련들을 수시로 받을 때마다 함께 이겨내기 위해 의지하며 손잡아 주다 보니 어느새 서로에게 전우애가 싹텄고, 서로를 향한 폭력적인 마음도 자연스레 사라지게 된 것이다. 사실 나는 여러 가지 훈련을 받으며 '힘들다.'라는 생각보다 '재미있는 경험이다.'라는 생각을 더 많이 했었다. 밖에서 언제 또 이렇게 씻지도 못하고 생활하며, 마음 놓고 흙바닥에서 뒹굴어 보겠는가? 언제 이렇게 흙먼지를 마시고, 추위에 떨며 야외에서 하룻밤을 지새우겠는가? 지금 생각해보면 내가 이렇게 긍정적인 마음으로 밝게 훈련에 참여할 수 있었던 이유도 하나님께서 나의 생각과 마음을 붙잡아 주셨기 때문이고, 무엇보다도 그 큰 훈련들을 수도 없이 받아온 나의 군생활을 늘 하나님께서 보호해 주셨기에 단 한 번도 다치지 않고 건강하고 안전할 수 있었던 것이라 생각한다.

'하나님께서 나를 지켜주시니 무슨 일이던 앞장서 열정적으로 참여해도 다치지 않겠지!'라는 생각으로 군생활을 하다 보니 간부님들의 눈에도 더 잘 띄고, 자연스레 포상의 기회도 많아졌던 것이다. 이렇게 하루하루가 감사한 날들의 연속이었다. 하지만, 아직까지도 기억에 또렷이 남아있는 너무나 위험했고 감사했던 한 사건이 있었다. 그날은 간부님들과 몇몇 병사가 함께 전술도로 주변 나무들을 베는 작업을 하고 있었다. 나는 그날도 몸을 사리지 않으며 최선을 다해 큰 나무들을 베고 있었다. 그런데 내가 자른 높이 솟았던 나무 한 그루가 예상치 못한 방향으로 쓰러지기 시작하며 동료 전우의 정수리를 향해 내리 꽂히고 있는 것이었다. 너무 놀라 외마디 비명조차도 지르지 못한 나는 그대로 굳어버렸다. 놀라운 기적이 일어난 것은 바로 그 순간이었다. 전우의 머리에 보이지 않는 방탄헬멧이 있었던 것처럼 허공에서 그 나무가 세 갈래로 쪼개지더니 전우를 피해 땅으로 맥없이 투두둑 떨어진 것이다. 지금 생각해 보아도 자연적으로는 일어날 수 없을 것 같은 장면이었다.

나는 주변 시선을 신경쓰지 않은 채 그 자리에 털썩 주저앉아 평범한 일상속에서 임재하시는 하나님께 진심을 담아 감사기도를 드릴수밖에 없었다. "사랑이 많으신 하나님 아버지, 정말 감사합니다. 저 전우가 다치지 않게 해 주셔서 정말 감사합니다. 감사합니다. 하나님 아버지……"

그런 나에게도 시련은 찾아왔다. 전투대기 부대니, 이발병이니, 맡은 임무가 많아질수록 주일만큼이라도 쉬고 싶다는 유혹이 들기 시작했고, 전우들이 종교 마일리지로 포상휴가를 다 채우자 종교행사를 빠지기 시작한 것이 나의 마음을 더 흔들어 놓았던 것이다. 죄책감을 느끼면서도 어쩔 수 없다고 스스로를 합리화시키며 종교행사(예배)를 몇 번 빠진 내게 정신이 번쩍 들게 해준 사건이 한 훈련 때 일어났다. 갓 상병을 달고 받게 된 철야훈련 때 나는 진지에 투입하여 졸음을 꾹 참고 있었다. 그러나 자정이 지나자 아무리 정신을 차리고 눈을 뜨려 애를 써 보아도 도저히 견딜 수가 없었다. 결국 나는 무언가에 이끌리듯 바닥에 주저앉아 새우잠을 청하기 시작했다. 그런데 하필이면 중대장님께서 내가 있던 진지를 가장 먼저 방문하셔서 아무런 경고와 주의를 받지 못한 채 속수무책으로 잠을 청하는 모습을 들켜버린 것이다. 이 사건으로 인해 '5일 휴가제한'이라는 징계와 함께 '한달 진급누락'을 받았다.

당시에는 '와, 진짜 재수가 없었다. 어떻게 이럴 수가 있지?' 싶었는데, 지금 생각해 보면 나를 높이 들어 쓰셨던 하나님께서 나를 바닥 끝까지 내치심으로 다시금 정신을 차리고 하나님을 섬길 계기를 마련해 주신 것이라고 확신한다. 당시 나는 이 사건 이후로 매우 낙심하여 자숙하는 생활을 하고 있었는데, 그런 내게 자존감을 회복시켜 주시고 일으켜 세워주신 분 역시 하나님이셨다. 내게 징계를 주셨던 중대장님께서 중대의 깃발을 드는 기수로 나를 임명하신 것이다. 이로써 나는 중대 대표로 65주년 사단 창설행사와 연대 창설행사에 참여하며 내가 쓸모있는 존재임을 다시 한 번 확인하고, 과거의 밝은 모습을 되찾을 수 있었다.

나는 하나님께 회개하며 다시 하나님의 품 안에서 살아가는 삶을 이어가기 시작했다. 그러자 하나님께서는 대대장님을 통하여 내게 '중대 또래 상담병'이라는 직책을 임명하여 주시며 고민이 있고 힘들어하는 전우들의 이야기에 마음으로 귀 기울여 주고 힘을 줄 수 있는 기회를 마련해 주셨다. 이로써 나는 상대방의 마음에 귀 기울이고 공감하며 마음의 상처를 보듬어 주는 방법도 자연스레 익힐 수 있었다. 군생활에서 있었던 일 전부를 털어놓지는 못했지만 다른 전우들보다 확실히 많은 일들을 경험하며 인생을 살아가는 태도들에 대해서도 배울 수 있었고, 사회생활을 하며 고치고 싶었던 내 성격의 단점들도 어느 정도 보완할 수 있는 아주 소중한 기회가 되었다.

배경도, 학벌도, 능력도 없고 가난하시기까지 했던 이은태 목사님의 믿음을 보시고 높이 들어 쓰셨던 하나님께서 이제 내게 기회를 주시려 한다는 사실을 나는 믿어 의심치 않는다. 하나님을 향한 믿음과 하나님의 능력을 내 앞에 내세워 지금까지의 모든 어려움과 역경들을 이겨낼 수 있었다. 이러한 선교 장학생이라는 과정을 알게 하신 하나님과 함께라면 모든 것이 가능하리라 생각한다. 하나님께서 나를 위해 준비하신 이 길 위에서 최선을 다해 나아가며 이 경험을 반드시 꿈을 이루는 데에 유용하게 사용하여 하나님께 영광을 돌릴 수 있는 하나님의 도구가 될 수만 있다면 그보다 뿌듯하고 보람찬 일이 또 있을까?」

아들이 쓴 글을 읽으며 태어나서부터 오늘날까지, 그 힘들고 어렵다는 군생활에서도 언제나 불꽃같은 눈동자로 지키시고 보호해 주신 하나님의 은혜에 감사드릴 뿐이다. 우리의 기도에 응답하시는 하나님을 찬양한다. 인간의 힘으로 할 수 있는 것은 한계가 있으나 하나님께서 하시는 일은 우리의 생각과 비교할 수 없으며 우리의 머리로 이해할 수 없음을 또 한 번 깨닫게 하신다. 모든 절차를 마친 후 알게 된 사실은 내가 출석하고 있는 꿈의숲교회 문은철 집사님, 이재향 권사님의 아들도 준희와 같은 곳으로 어학연수를 간 것과 또 앞 기수에도 반병윤 집사님(현 장로님)과 박성자 집사님(현 목사님)의 자녀 반은희라는 청년이 갔다는 사실이다. 그럼에도 불구하고 교회를 통해서가 아닌 청주에 계신 사모님을 통해 학교를 알게 하시고 일하심으로 분명 하나님께서 하신 일임을 보게 하셨다. 또 다른 한 가지는 어학연수를 놓고 기도를 드릴 때 어느 날 하나님께서 "양복을 가져가라."고 하셔서 내가 '왜 양복을 가져가라고 하실까…'를 궁금해 하며 기도를 드리는 중 아들이 양복을 입고 단상에 서 있는 모습을 보여 주셨다.

그런데 다음 날 군에서 전화를 한 아들에게 이 이야기를 하며 LA로 어학연수를 갈 때 양복을 준비해 가자고 말하였는데 뉴질랜드 에든버러컬리지에 합격하고 난 후 그곳에서 메일로 보내온 안내문 중 준비사항에 "남학생은 주일예배 시 반드시 양복을 착용할 것"이라고 씌인 글을 읽으며 아들과 함께 난 놀라지 않을 수가 없었다. 이곳이 하나님께서 아들을 위해 예비하신 곳이란 사실을 분명하게 보이셨기 때문이다. 아들은 전역하고 한 달 후인 8월 22일에 뉴질랜드로 떠났다. 그리고 한 달이 채 못 되어 문자가 왔다. "엄마, 나 시험 봤어. 찬양팀이 3개 있는데 내가 주일 찬양팀 보컬이 되었어." 할렐루~야!!!

엄민용 목사님께서 찬양으로 하나님께 영광 올려 드리는 모습을 인터넷으로 보며 순간 기도를 드렸었다. "하나님, 우리 준희도 목사님처럼 저렇게 하나님께 전심으로 찬양을 올려드리는 아들이 되었으면 좋겠어요."라고… 나의 기도에 응답이기도 하지만 하나님께서 기도 중 환상으로 보여 주신 단상에 세우신 모습이기도 하여 또 놀라지 않을 수가 없었다. 나는 사랑하는 아들 이준희의 삶을 하나님께서 책임져 주시고 그 길과 걸음을 인도해 주실 것을 확신하며 기대한다.

사랑하는 아들 이준희와 함께 가게 된 본 교회 청년 문예택 형제와 청주 이종희 사모님의 딸 신지은 자매, 그리고 그곳으로 부르신 모든 청년의 앞길에 하나님에 은혜가 넘치길 기도드린다. 또한 그들을 통해 하나님을 알지 못하는 많은 영혼이 하나님을 만나게 되기를 소망하며 큰 일을 이루실 살아계신 하나님께 감사와 찬송과 모든 영광을 올려드린다.

"여호와의 말씀에 내 생각은 너희 생각과 다르며 내 길은 너희 길과 달라서 하늘이 땅보다 높음같이 내 길은 너희 길보다 높으며 내 생각은 너희 생각보다 높으니라." (이사야 55:8-9)

"사람이 마음으로 자기의 길을 계획할지라도 그 걸음을 인도하시는 자는 여호와시니라"(잠언 16:9)

"너는 내게 부르짖으라. 내가 네게 응답하겠고 네가 알지 못하는 크고 비밀한 일을 네게 보이리라"(예레미야 33:3)

"구하라. 그러면 너희에게 주실 것이요, 찾으라 그러면 찾을 것이요, 문을 두드리라 그러면 너희에게 열릴 것이니, 구하는 이마다 얻을 것이요, 찾는 이가 찾을 것이요, 두드리는 이에게 열릴 것이니라"(마태복음 7:7-8)

33 편.
나를 인도하시는 하나님

2006년 시아버지의 편찮으심을 계기로 가을부터 강권하여 새벽기도를 하게 하셨다. 그리고 그 해 12월 16일 밤 시아버지는 하나님의 부르심을 받고 소천하셨다. 그 후에도 계속 강권하여 새벽기도를 하게 하시며 2008년 내 마음에 "2013년에 일을 이루리라"란 마음을 주셨고 2013년 놀라운 일들이 일어나면서 하나님의 부르심에 순종하여 결단하게 되었다. 2013년 유치원교육을 마지막으로 2014년 2월에 졸업을 시키고 25년 동안 걸어온 유아교육자의 길을 내려놓았다. (구체적인 상황은 훗날 간증하기로 하겠다.) 그리고 내 생각과 계획이 아닌 무언가 모를 힘에 의지하여 '사회복지사' 공부를 시작하게 되었다. 아이들을 졸업시키기 2주 전에 원장 모임의 자리에서 "사회복지사 공부를 개강할 예정이니 원하시는 분은 선착순 40명 신청하세요."란 안내를 하였고 나는 신청을 하였다.

처음엔 내가 원해서 한 줄 알았다. 그런데 2014년 초여름쯤 예배 중 설교 말씀을 듣는데 서문에 "사회복지는 기독교로부터 시작되었다."라고 담임 목사님께서 말씀을 하셨다. 그런데 그때 내 마음에 "네가 원하는 것보다 내가 더 큰 것을 하게 했다."하는 마음의 소리가 들렸다. 나는 순간 '이게 무슨 소리지?' 하고 생각하였다. 그때 "아~!!!"하며 놀라지 않을 수가 없었다.

그간 나는 '요양보호사'를 배워야겠단 생각을 하고 있었다. 친정 부모님과 시어머니가 살아 계시기에 배워두면 훗날 도움이 된다는 말을 들어 나름 그러한 생각을 했었던 것이 떠올랐다. 그런데 내가 사회복지사를 공부하게 된 것이다. 또 한 번 놀라지 않을 수가 없었다.

얼마 전 중학시절 함께 교회를 다닌 친구들과 오빠들을 함께 만날 기회가 30여년 만에 주어져 만남의 시간을 가졌는데 한 오빠가 내게 말하였다. "지영이 너 오빠한테 우리 나이 들면 사회사업하자고 이야기했던 것 생각나니?" 그 말을 듣는 순간 머리가 쭈뼛해지는 느낌과 함께 또 놀라지 않을 수가 없었다.

왜 내가 사회복지사 공부를 하고 있는지, 왜 내게 사회복지사 공부를 하게 하셨는지를 깨달아 알게 하셨다. 내 전공과목이 아닌 분야를 새롭게 공부하려니 사실 너무 힘들고 어려웠다.

그래도 하나님의 도우심으로 모든 과정을 이수하고 마지막 한 과목인 실습과목만 남았다.

전혀 연고가 없는 새로운 곳에서의 실습!!! 실습지마저도 스스로 선정해야 한다. (실습지를 구하는 것이 정 어려우면 교수님의 도움을 받을 수도 있지만...) 그래서 나는 직접 찾아 나서

기로 하고 집 가까이에 있는 '생명의 전화'를 방문하였다. 그런데 이미 인터넷으로 공고 후 접수, 면접을 거쳐 실습생이 마감되었다는 말을 듣게 되었다. 나는 뒤돌아 밖으로 나와 고개를 들어 하늘을 쳐다보며 순간 기도를 드렸다. "하나님, 저 어디서 실습을 하면 좋을까요...? 제가 가야 할 곳을 알려주세요. 저 좀 도와주세요." 하는 순간 집으로 가는 방향을 바라보는데 내 눈에 길 건너편에 〈등행 데이케어센터〉란 보라색 간판에 쓴 노란색 글이 눈에 확~ 들어왔다. 눈도 나빠 잘 보이지도 않는 나에게!!! 놀라운 일이었다. 들어가서 물어보고픈 마음이 들었다. 나는 건물 안으로 들어갔다. 실습이 가능한 곳이며 내 마음의 소망대로 어르신들과 함께 생활할 수 있는 곳이었다.

마치 어린이집 같은 역할을 하는 곳인데 대상만 영, 유아가 아닌 할아버지, 할머니인 것이다. 나의 가는 길과 걸음을 세밀하게 인도하시는 하나님께 감사와 찬송과 영광을 올려드렸다. 집에서 걸어 10분 거리, 새벽예배를 마치고 집으로 오는 길에 바로 출근도 가능, 점심식사 시간 1시간 동안에 집에 와서 시어머니와 함께 식사도 할 수 있는 너무나 좋은 조건을 허락해 주셨다. 집으로 돌아오는 길에 "하나님, 감사합니다. 하나님, 너무 멋지세요. 울 하늘아버지 최고~!!!"를 계속 외쳤다.

단지 실습하는 동안 새벽에 마음껏 기도하지 못하고 시간의 제약을 받는 것 한 가지가 마음에 걸렸다. 유치원을 내려놓고 가장 좋은 것이 새벽에 하나님 앞에 나아가 마음껏 기도하는 것인데...

한 달의 시간이 빨리 지나가야 할 텐데.

드디어 내일부터 실습이 시작된다. '예수 그리스도의 사랑을 품고 할아버지, 할머니를 섬기는 일에 최선을 다해야지.'

다짐한다. 나보다 나를 더 잘 아시고 나의 필요를 늘 채워 주시며 언제나 나와 함께 동행해 주시는 나의 아바 아버지 하나님!!! 나를 너무나 사랑해 주시는 하나님!!! 감사합니다. 사랑합니다.

"일을 행하시는 여호와 그것을 만들며 성취하시는 여호와, 그의 이름을 여호와라 하는 이가 이와같이 이르시도다. 너는 내게 부르짖으라. 내가 네게 응답하겠고 네가 알지 못하는 크고 은밀한 일을 네게 보이리라." (예레미야 33:2-3)

34 편.
프린터기

2015년 1월 5일부터 사회복지 실습을 시작하였다. 학생의 신분으로 돌아가 실습을 하고 그날그날 매일 실습일지를 작성하고 출력하여 슈퍼바이저에게 검사를 받아 사인을 받고 지도 조언도 함께 받게 되어 프린터기를 사용하게 되었다. 잉크가 거의 다 되었었는데 아니나 다를까... 줄이 가고 색도 이상하게 나오고... 1월을 시작하고 첫 주에 실습한 3일 동안은 기존 프린터기로 출력을 하였으나 앞으로 출력물이 많을 것을 생각하니 아무래도 안 되겠어서 6일 삼성프라자에 잉크를 주문하였다. 그리고 연락을 받으면 찾으러 가기로 했다. 그런데 7일부터 갑자기 프린터기에서 '끼기긱 드르륵' 이상한 굉음의 소리를 내는 것이 아닌가!!! 이건 또 뭐지? 왜 이러는 거야...? 소리가 어찌나 큰지 이러다 무슨 일이 생기는 건 아닌가 걱정이 될 정도였다. 8일, 드디어 삼성에서 연락이 왔다. 주문한 잉크가 도착했으니 9일에 잉크를 찾으러 오란다. 9일은 오프라인 실습 관련 수업이 저녁에 있어 다행히 실습이 없는 날이었다. 그래서 프린터기를 A/S 받고 잉크를 구입하기 위해 나는 동생의 도움을 받아 삼성 미아점으로 갔다. 잉크를 먼저 구입하고 프린터기를 A/S 받게 되었다. 그런데 이건 또 무슨 일인가… 멀쩡했던 프린터기가 왜 갑자기… 수리비만 30여만원 견적이 나온단 말인가. "새로 구입을 하는 것이 나으시겠어요." "지금 막 잉크를 구입했는데 어쩌죠?…" "환불하시면 됩니다. 해 줄 겁니다." "아, 예…" 나는 구입한 곳에 가서 자초지종을 이야기하고 잉크를 환불하였다. 그리고 매장으로 내려와 프린터기를 구입하였다. 39만원인 것을 삼성회원으로 5만원 할인받고 "삼성폰을 쓰는데.. 좀 더 할인 안 될까요? 지난번에 오디오도 샀고…"하며 애교 아닌 애교로 웃으며 이야기하자 특별히 1만원을 더 할인 해 주었다. 총 33만원을 지불하고 월요일에 프린터기를 설치하러 오기로 하고는 삼성프라자를 나서는 순간 감사함이 내 마음에 밀려왔다.

　만일 잉크를 구입하여 사용하다가 며칠 만에 프린터기가 고장났으면 어쩔 뻔했을까… 아까워서!!! 잉크값 135,000원을 그냥 손해 보아야 하는 상황이 아닌가! 동생과 이러한 이야기를 나누며 하나님께 감사를 드렸다. 그리고 집으로 향했다. 그때 마침 군에 간 아들 준희에게서 전화가 왔다. 오늘 있었던 프린터기 관련된 이야기를 하며 "준희야, 우리 하나님 너무 멋지지? 손해 보지 않게 하시는 하나님. 작은 일에서도 큰일에서도 우리와 함께 하시는 하나님께 감사하자."라고 고백할 수 있었다. 준희가 군에 입대하면서 준희를 위한 나의 기도 제목은 준희가 군에서 자신의 하나님을 만나고 믿음의 아들이 되어 믿음의 대를 이어 믿음의 명문가를 이루어 가는 것이었다.

신기하게도 간증할 일이 있을 때마다 준희에게서 연락이 온다. 그 또한 신기하고 놀랍다. 더 놀라운 것은 주일 설교 말씀 중 이러한 말씀을 전하셨다. '하나님께서 함께하는 사람은 하나님께서 물질의 손허를 보지 않게 하신다.' 난 또 한 번 깜짝 놀랐다. 그리고 내 입에서는 "아멘, 아멘!!! 참 좋으신 하나님, 감사합니다."라고 고백하였다. 일상생활 가운데 잠잠히 역사하시고 인도하시는 나의 아바 아버지 하나님으로 인해 날마다 기뻐하고 감사할 수 있음에 너무나도 감사하다. 이렇게 손해 보지 않게 된 금액을 또 하나님의 영광을 위한 일에 사용하게 하시는 하나님을 경험케 하신다. 살아계신 주, 모든 일을 아시고 주관하시는 만군의 주 하나님을 송축하며 찬양을 올려드린다.

할렐루~야!!!

"주께서 이르시되 가라 이 사람은 이방인과 임금들과 이스라엘 자손들에게 전하기 위하여 택한 나의 그릇이라"

(사도행전 9:15)

35 편.
사람을 낚는 어부(1)

대부분 대학시절에 성경공부를 많이 하게 된다. 어린 시절부터 하나님을 믿게 되었다면 고등학교까지는 입시로 인해 얽매인 생활을 하면서 다른 것에는 거의 신경을 쓰지 못하다가 대학에만 들어가면 그때부터 자유롭게 생활하며 하나님을 더 알기 원하여 하나님 말씀에 갈급했던 목마름을 해소하기 위해서 대부분 성경공부 하는 곳을 찾아다니며 배우려 한다. 요즘은 이러한 목마름으로 인해 잘못된 곳에 발을 들여놓게 되는 경우가 있어 소위 말하는 이단 종교에 빠져 피해를 보는 경우도 종종 있다.

난 대학시절에 부모님과 함께 매주 토요일마다 북악터널을 지나 우측에 있는 삼각산 기도원에 올라가 뜨겁게 찬양하고 부르짖어 기도하며 하나님의 말씀을 대언하시는 차경철목사님이 전하는 하나님 말씀을 통해 은혜를 받고 하나님께 전심으로 예배를 드리고 내려왔다. 때로는 토요일 날 친구도 만나고 싶고, 놀러 가고 싶은 마음도 있고, 과제, 시험으로 인한 유혹도 있었으나 반은 아버지의 눈치를 보며 반은 자의로 다녔다.(인정받는 딸이었기에 신앙적으로도 부모님을 실망하게 하지 않으려는 마음이 매우 컸다.) 직장생활을 하기 전까지 매주 은혜를 받고 내려왔다. 이제야 그 시간이 '성령의 기름 부으심', '성령의 역사'가 있는 예배의 자리였다는 것을 깨닫게 된다

　대학을 졸업하고 유치원에 취직을 하고 난 후로는 토요집회에 참석할 수 없게 되었다. 토요일마다 행사도 많고 연수도 많고 당직도 해야 하고… 그러다 보니 가끔 새벽예배와 수요일 저녁예배, 그리고 주일예배만 드리게 되었다. 직장 생활 3년차 되던 어느 날 언니로부터 성경공부 제안을 받게 되었다. 충무로에 위치한 서울침례교회에서 교육하는 대학생 성경공부에 참석하라는 것이다. 이미 언니는 성경공부를 하고 모든 과정을 마치고 가르치는 자리에 있으면서 내게 권하였다. "난 이제 대학생도 아닌데…"하며 망설였더니 직장인도 많이 배우고 있다며 다시 한번 권하였다. 그래서 나는 H.T.S 8기로 성경공부를 시작하게 되었다.

　무엇이든 한번 시작을 하면 끝을 보아야 하는 성격에 직장생활을 하면서 바쁘고 힘든 중에도 대학생들보다 못한다는 말 듣기가 싫어 최선을 다해 더 열심히 성경암송을 하고 예습을 하며 성실하게 전 과정에 임하였다. 모든 과정을 마치기 전 마지막 코스로 수양회를 가는데 난 직장인이었기에 갈 수가 없었다. 그 당시(지금도 그렇지만) 교사란 직업은 눈이 오나 비가 오나 바

람이 부나 내 몸이 아프거나 어떠한 상황에서도 결근할 수 없는 직업이었다. 죽으면 죽으리라 하는 각오로 교육현장에서 아이들과 함께 해야 하는 것으로 교육을 받았고 나 또한 그렇게 생각을 하였다. 또 하나님께서 내게 맡기신 사명이기에 우열을 가릴 수 있는 것이 아니었다.

대신 나는 간절히 기도를 드렸다. "하나님, 비록 제가 수양회 자리에 참석하지는 못하지만 새벽예배를 통해 저에게도 동일한 은혜를 주세요." 그리고 수양회 기간에 집 가까이에 있는 도봉감리교회에서 새벽예배를 드렸다. 수양회 기간을 마치고 한 주 후 모두 모이는 토요일 모임시간이 되었다. 난 너무나 궁금했다. 하나님께서 수양회를 통해 어떤 말씀을 주셨을까...

우리 조원을 만나자마자 나는 어떤 말씀으로 은혜를 받았는지를 물었다. 주제가 '사람을 낚는 어부'라고 하였다. 나는 온 몸에 소름이 돋았다. 수양회 기간 새벽예배 말씀이 바로 '사람을 낚는 어부가 되라'는 말씀이었기 때문이다. 예배를 마치고 조원과 함께 나눔의 시간을 가져 받은 은혜를 나누는 시간에 나는 내게 동일한 은혜를 주신 하나님을 증거하며 하나님께 영광을 올려드렸다. 한 주 후 H.T.S 8기를 마치는 토요일에 간증을 부탁하여 나는 순종하는 마음으로 간증을 하였다. (1991. 7. 27.) 지금도 내가 간증한 내용(내 손목에 난 혹 치유 간증, 수양회 주제와 동일한 말씀으로 은혜를 주신 간증, 사랑에 대한 말씀 주심을 간증)이 녹음 된 녹음테이프(Tape)를 가지고 있다.

만군의 주 여호와 하나님은 정말 우리의 머리로 이해할 수조차 없으신 분이시다. 너무나 세밀하시고 완전하시고 나보다 나를 더 잘 아시는 창조주 하나님!!! 그래서 나는 매일매일 날마다 너무나 행복하다. 그리고 너무나 감사하다. 부족함이 너무나도 많은 자 허지영이지만 그럼에도 불구하고 나를 너무나 사랑해 주시고 필요를 알아 채워 주시고 간구하는 기도마다 응답해 주시는 하나님, 때론 구하는 것보다도 더 크고 놀라운 일을 이루시며 앞서 행하시는 하나님을 보게 되어 놀라지 않을 수가 없고 그 하나님을 찬양하지 않을 수가 없다. 할렐루~야!!! 그 분이 바로 내 영적 아바 아버지 하나님이시다.

이제 나 사는 날 동안 오직 아버지 하나님을 위해 사는 삶이 되련다. 하나님을 기쁘시게, 하나님의 뜻 따라 세상을 아름답게 하는 자가 되련다. 오직 하나님께만 영광을 올려드리는 삶이 되련다. 만군의 주 여호와 하나님, 나의 아바 아버지~!!!

사랑합니다. 사랑합니다. 사랑합니다.

"예수께서 이르시되 나를 따라오라. 내가 너희로 사람을 낚는 어부가 되게 하리라 하시니 곧 그물을 버려두고 따르니라"
(마가복음 1:17)

"예수께서 나아와 말씀하여 이르시되 하늘과 땅의 모든 권세를 내게 주셨으니 그러므로 너희는 가서 모든 민족을 제자로 삼아 아버지와 아들과 성령의 이름으로 세례를 베풀고 내가 너희에게 분부한 모든 것을 가르쳐 지키게 하라 볼지어다. 내가 세상 끝날까지 너희와 항상 함께 있으리라 하시니라"

 (마태복음 28:18-20)

36 편.
사람을 낚는 어부(2)

* **말**씀: 누가복음 5:1-11
  Q. 당신의 그물은 무엇입니까?

1. 절망의 그물
   고기를 한 마리도 잡지 못한 베드로는 빈 그물을 가지고 돌아오는 절망의 상태에 있었다.
2. 희망의 그물
   그럼에도 불구하고 내일을 꿈꾸며 그물을 씻고 있었다.
3. 순종의 그물
   예수님께서 찾아오셔서 "깊은 데로 가서 그물을 내려 고기를 잡으라" 하시는 말씀에 "밤이 새도록 수고하였으되 잡은 것이 없지마는 말씀에 의지하여 내가 그물을 내리리이다" 베드로는 순종하였다.
4. 축복의 그물
   고기를 잡은 것이 심히 많아 그물이 찢어졌다.

5. 버림의 그물

　예수님의 부르심 "이제 후로는 네가 사람을 취하리라" 하시니 베드로가 모든 것을 버려두고 예수를 따랐다.

　1991. 7. 27. H.T.S 8기를 마치는 토요일 간증을 준비하면서 나에게 주신 말씀이다.

　나는 그 당시 4번 '축복의 그물'이 내 자신의 상태임을 고백하고 이 후로는 나로 하여금 깨닫게 하신 주님의 뜻 따라 5번 '버림의 그물' 상태로 살아갈 것을 고백하였다.

　그러나 망각의 세월 20여년을 살아왔다. 2013년 하나님의 부르심을 체험하며 "하나님, 저 꿈의숲교회 여름 전교인 수련회에 참석하겠습니다. 말씀을 통해 하나님 아버지의 뜻을 알게 하옵소서." 전교인 수련회에 대한 안내 후 약 한 달간 기도로 준비하고 말씀을 사모하며 참석하였다. 최창범 담임목사님께서 개회예배 말씀으로 '소경 바디매오가 고침을 받고 겉옷까지 벗어 던지고 예수를 쫒으니라'는 말씀을 전하셨고 구리 행복한 교회 담임목사님께서 '그리스도인의 행복한 삶'에 대해 말씀을 전하셨으며 폐회예배 또한 최창범 담임목사님께서 "내가 너를 지명하여 불렀나니 너는 내 것이라"는 말씀을 전하셨다.(수련회 프로그램 소책자에 개회예배, 폐회예배 말씀이 인쇄되어 나왔는데 놀라운 것은 그 말씀을 전하지 않으셨고 위에 기록한 말씀을 전하셨다. 앞으로 내 삶을 결정하기 위해 하나님의 뜻을 깨달아 알게 해 주시길 소망하며 "말씀으로 알려 주세요."라고 구한 간절한 나의 기도를 들으셔서 나로 하여금 하나님께서 하신 일임을 보게 하셨다. 물론 담임목사님께서는 이 상황을 알지 못하셨다.)

그 말씀을 통해 나에게 또 다시 돌이킬 기회를 주셨다. "나의 모든 것을 내려놓고 남은 여생 오직 하나님의 영광을 위해 사는 삶, 예수님의 모습을 닮아 사는 삶, 부르심에 합당한 자로 주님을 전하고 증거 하는 삶을 살겠습니다." 다시금 하나님 앞에 고백하는 계기가 되었고 하나님의 뜻에 순종하는 삶을 살게 되었다. 지금까지 살아온 삶 중 지금 현재, 하루하루의 삶이 최고로 행복하다. 하나님 안에서의 삶!!! 그 무엇과도 비교할 수 없다. 그동안 세상에서의 행복한 삶과는 또 다른, 말로 표현 할 수 없는 행복한 삶이다. 하나님 나라에 입성하는 그날까지 나의 아바 아버지 하나님에 뜻 따라 순종하는 삶을 살련다.

할렐루~야!!! 하나님, 나의 아바 아버지 사랑합니다.

"시몬에게 이르시되 깊은 데로 가서 그물을 내려 고기를 잡으라 시몬이 대답하여 이르되 선생님 우리들이 밤이 새도록 수고 하였으되 잡은 것이 없지마는 말씀에 의지하여 내가 그물을 내리리이다"(누가복음 5:4-5)

37 편.
찬양받으시기에 합당하신 만군의 주 하나님, 나의 아바 아버지

나의 아바 아버지 하나님은 부족한 나를 너무나 많이 사랑해 주신다.

어린 시절 무조건 나를 사랑해 주시는 하나님, 예수님에 관한 말씀을 들은 나는 그로 인해 마냥 기쁘고 행복해하며 하나님을 전심으로 믿고 예수님을 전하고 증거하며 찬양으로 하나님께 영광 올려드렸다. 그런 나의 모습을 예쁘게 보셨기 때문일까?…

유년시절과 초·중·고, 대학시절에서 결혼 전까지는 전심으로 삼위일체 하나님을 사랑하고 최선을 다해 섬기며 생활하였다. 부모님, 특히 아버지의 강한 신앙교육 때문이라 해도 과언이 아닐 것이다. 강하게 신앙교육을 받고 자란 나는 결혼을 하면서 너무나 편안하게 신앙생활을 하게 되었다. 일부러 그러했던 것은 아니다. 시부모님께서 섬기시는 교회에 출석하며 열심히 헌신하다가 목회 세습 문제로 당시 수석 장로님이셨던 시아버님(교회 건축시기부터 헌신, 봉사하셨고 병환으로 거동이 불편하신 목사님을 업고 강단에 오르내리시며 온 정성을 다해 목회자와 교회를 섬기신 분이시다.)은 하나님 앞에 덕이 안 되는 모습, 교인들의 세습반대와 목회자 집안 사람들의 세습 강요로 인해 무척 힘들어 하셨는데 그와 더불어 아들의 진로와 전혀 관계가 없음에도 불구하고 얼토당토않게 오해를 받으시는 모습에 남편은 너무나 큰 상처를 받았다. 결국 남편과 나는 그 교회에서 나오기로 결정하고 여러 교회를 순회하다가 장위동에 위치한 장위동교회(현 꿈역숲교회)에 출석하기로 결정하였다.(1995년) 그러나 시부모님 교회로 언젠가는 다시 돌아가야 한다는 마음으로 등록을 하지 않고 다니게 되었다. 그러면서 우리의 신앙생활은 모든 사역을 하나하나 내려놓게 되었고 결국 주일 낮 예배만 드리는 성도로 전락하고 말았다.

그럼에도 우리에게 주시는 하나님의 은혜가 너무나도 커 날마다 복 주시는 하나님께 감사하며 안일하게 신앙생활을 하였다. 그러던 어느 해부턴가 나에게 새벽기도에 대한 마음을 주셨는데 난 "하나님, 저 너무 힘들어요. 집에서 그냥 기도드리면 안 될까요…?"하면서 내 뜻대로 방에서 엎드려 기도드리다 잠들기가 일쑤였다. 하나님께서는 그러한 나를 강권하시어 2006년 가을부터 새벽기도를 드리도록 하셨다. 시아버지의 편찮으심이 계기가 되었다. 나를 아껴 주시고 사랑해 주시는 시아버지! 굴비 가시를 발라내어 내 밥숟가락 위에 얹어 주시던 시아버지… 자상하신 시아버지가 병환으로 인해 고통스러워하시는 모습을 보며 눈물의 기도를 드리게 되었다.

2006년 12월 17일 밤. 온 세상을 눈으로 하얗게 덮고 하나님 품으로 돌아가셨지만 나의 새벽예배와 기도는 오늘날까지 계속 이어지고 있다. 그때 나는 놀라운 일을 경험했다. 사실 그 주간 새벽에 기도를 드리는 중 시아버지가 돌아가실 것이란 마음을 주셔서 남편에게 이야기했었다. 하나님께서 기도 중 미리 알려주신 것이다.

　새벽예배를 드린 지 2~3년쯤 되었을 때의 일이다. 기도를 드리는 중 계속 "2013년에 일을 이루리라."란 마음을 주셨다. 나는 남편에게 "이게 무슨 뜻일까?" 물었고 남편은 "함께 기도 드리자."라고 이야기하였다. 하나님께서 주신 마음을 품고 계속 기도를 드리던 중 2012년 말에 "하나님, 제가 2013년에 유치원 원장을 내려놓기를 원하시나요?" 하나님께 여쭈었다. 그때 "아니다."하는 마음을 주시어 유치원 원장으로서 일을 계속하였다. 그런데 하나님은 유치원 일과 병행하여 하나님의 일을 시작하셨다. 찬양을 부르는 것을 기뻐하고 좋아하지만 특출나게 잘 부르는 것이 아닌 내게 음반이 나오게 하신 것이다. 내가 알아본 것도 아니고 사람을 붙여 주셔서 선교용으로 만들어 보자는 제안에 찬양을 불렀는데 7월에 음반으로 나온 것이었다. 사실 근무하며 연습할 시간도 없었고 음원을 받아 몇 번 듣고 가서 부른 것이 전부였다. 지금도 생각하면 나의 머리로는 이해할 수 없는 일이다. "할 수 없는 너로 하여금 내가 하게 했다" 하는 음성만 주신다.

음반 케이스 용지가 제작되어 검토를 위해 받아 들었는데 표지에 「찬양 및 간증집회 허지영 집사」라고 씌어 진 것이 아닌가! 나는 놀라 "이런 글을 써 넣어야 해요?"라고 물었다. 그러자 "뺄까요?" 하고 묻는데 내 마음에 너무나 또렷하게 음성이 들렸다. "그냥 두어라" 그래서 난 "그냥 두세요." 라고 말하였고 그대로 음반이 나오게 되었다.

　　그리고 나서 난 기도를 드렸다. "하나님, 전 찬양 및 간증집회를 본 적도 없고 어떻게 해야 하는지도 몰라요…" 그런데 또 놀라운 일이 일어났다. 2013년 가을 부흥성회가 「박순애 전도사 초청 간증집회」로 하게 된 것이다. 그간에는 내로라하는 목사님만을 강사로 모시고 부흥성회를 하였었는데 말이다. "보아라"하는 음성이 또 내 마음에 들렸다. 할렐루~야!!!

　　「박순애 전도사 초청 간증집회」를 마치는 날 나는 위축되어 개미보다도 더 작아지고 말았다. 본당을 빠져나오며 난 "하나님, 전도사님은 이렇게 힘들고 어렵게 살아오신 삶을 나누며 함께하신 하나님을 전하고 증거해 은혜의 시간이 되었는데 전 너무나 평탄한 가운데 삶을 살았잖아요. 저가 어떻게 간증을 해요…?"라며 하나님께 순간 기도를 드렸다. 1층으로 내려와 박순애 전도사님의 간증문집 책을 구입하기 위해 줄을 섰다. 드디어 내 차례가 되었다. 전도사님은 「박순애 전도사」라고 사인을 해 주었는데 "박"자를 쓰시고는 "집사님"하고 나를 부르다 그만 「박집」이라고 쓴 것이 아닌가! "어떻게 해요…?" 난감해 하시는 상황에 하나님께서 내게 지혜를 주셔서 "세로 글로 써 주세요."라고 하자 좋아하시며 세로로「박순애 전도사」라고 쓰시고는 나의 이름을 물으셨다. "허지영입니다."라고 말씀드리자「집」자 위로 나의 이름을 써 세로글로「허지영 집사님」이라고 써 주셨다. 그 순간 "내가 너를 들어 쓰리라"란 음성이 내 마음에 들리며 어느새 나의 눈에서는 왕방울만한 눈물이 흘러내리고 있었고 나의 입술은 하나님을 찬양하고 있었다.

"할렐루~야!!! 아멘. 아멘. 아멘.

하나님, 감사합니다. 감사합니다. 감사합니다."

그 주 주일을 지내고 월요일 새벽예배를 드리고 기도를 마쳤는데 갑자기 나의 입에서 곡조가 흘러나왔다. 너무나 아름다웠다. 난 내 입을 통해 나오는 그 곡조를 들으며 "이 곡에 가사만 붙이면 찬양이 될 텐데…"하는 너무나 아쉬운 마음으로 출근을 하였고 부담임교사에게 이 일을 이야기하였다. (학기 초 임용한 부담임이 개인사정으로 부득이 사직을 하고 5월 8일에 와서 근무하게 된 하나님께서 나를 위해 예비하여 보내 주신 기도하는 사람이었다.) 그러자 "녹음을 하세요." 하는 것이 아닌가! 그러면서 핸드폰에 녹음하는 기능을 상세히 설명해 주었다.

할렐루~야!!!

그날로부터 오늘날까지 성령하나님께서 주시는 곡을 녹음하고 있다. 그리고 피아노도 안 배운 내게 은혜의 선물로 주신 "청음"으로 인해 그 곡을 듣고 음계 이름을 적고 박자를 세어 대략

악보화하여 피아노로 칠 수 있게 하시니 그 또한 얼마나 감사한지 모른다.

2013년 가을부흥성회를 마치고 곡을 받은 지 한 두 주쯤 지난 어느 날 어린 시절 함께 교회에서 예배드리던 양해문 오빠가 SNS를 보고 나를 위해 기도드리던 중 "찬양으로 하나님께 영광을 올려라"고 하셨단 말을 30여 년 만에 만나서 내게 전해 주었다. 사실, 그 해 봄에도 처음 뵙게 된 권오산 선교사님으로부터도 동일한 말을 들었다. 그 당시 난 사라처럼 피식 웃었다. 그러자 너무나 단호하게 "정말인가 아닌가를 두고 보시라고!" 하시는데 나도 모르게 '아멘'하였다. 그럼에도 불구하고 난 "나 못해요. 내가 어떻게 만들어요."라며 믿음 없이 약 4-5개월의 시간을 보냈다. 그런 나를 위해 양해문 오빠는 계속 기도하며 전화하여 이듬해 2월까지 "하나님께서 너의 곡을 만들라 하신다."라고 말해 주며 격려하고 채근하였다.

결국 나는 하나님의 도우심을 구하는 기도를 드리고 하나님 은혜로 첫 곡 「내가 주를 사랑하나이다」를 만들어 하나님을 향한 나의 사랑을 고백하였고, 두 번째 곡 「여호와는 내 목자」(시편 23편)를 만들어 또 하나님께 찬양으로 영광을 올려드렸다. 할렐루~야!!! 그 날 이후로 양해문 오빠는 사라졌다. "너를 위해 계속 기도한다."는 문자만 남기고…

2014년 2월 어느 날 난 새벽기도를 드리며 "하나님! 저를 돕는 자를 보내 주세요. 제대로 된 악보를 만들어야 하잖아요."라고 기도드렸다. 그리고 출근하였다.

  그 날 유치원 급식에 도움을 주시는 김시내 영양사 선생님과 전화 통화를 하며 내가 유치원을 떠나게 된 것을 이야기하였다. 그러자 계속 퇴직의 이유를 물어 하나님의 부르심에 순종하기로 결단한 것과 곡을 주셔서 찬양을 만들고 있음을 이야기하게 되었다. 뜻밖에 내 입에서 "악보를 만들어야 하는데… 난 할 수가 없어요."라는 말이 나왔고 말이 끝나기가 무섭게 "도와드릴 수 있어요. 제 남편이 백석예술대학교 음악과 교수예요."라는 말이 전화기를 통해 내 귀에 들렸다. 나는 소스라치게 놀랐다. 나의 기도를 들어 주신 하나님!!! 이제는 하나님이 하신 일에 "당연하지~."라고 고백할 법도 한데 아직도 나는 "신기하고 놀라워."를 외치며 생활한다.

  전화 통화 후 그 주간 바로 영양사 선생님과 남편되시는 백석예술대학교 음악과 안용범 교수님을 만나 나의 상황을 간증하였고, 바쁘신 중에도 부족하게 악보를 그려 보내드리고 피아노를 쳐 녹음해서 보내드리면 컴퓨터로 작업을 하셔서 완전한 악보를 만들어 보내 주셨다. 이 자리를 빌어 안용범 교수님(전도사님)께 감사의 마음을 전한다. 유치원에 근무하는 동안에는 영양사 김시내 선생님과는 평소 이야기할 기회가 없었다. 하지만 지금은 이 일을 계기로 형제처럼 지내고 있다.

  곡이 늘어가니 바쁘신 중에도 도움을 주시는 것에 죄송하여 하나님께 "도와 줄 수 있는 분을 더 붙여 주세요." 더 많은 도움의 손길을 보내 주시기를 간구하였고 하나님께서 그 기도에 응답하셔서 도움의 손길을 또 보내 주셨다. 기도를 드리고 몇 주 후에 내가 출석하는 꿈의숲교회 샤론찬양대에 새로 들어오신 남성애 권사님이 내 옆에 앉게 되었고 음악을 전공한 아들 정승민 군의 도움도 받을 수 있게 하셨다. 그리하여 악보를 만드는 작업을 함에 있어 교수님의 수고를 덜어드리게 되었다.

그러던 중 심혜경 피아니스트가 2014년 가을에 시부모님이 출석하시는 교회로 가게 되었고 하나님은 예비해 두신 작곡에 관심이 많은 배혜영 오르가니스트를 이어 보내 주셔서 도움을 받게 하셨다. 코드를 만들고 컴퓨터로 악보를 만드는 일들을 할 수 없는 부족한 허지영이기에 나를 도와주시는 분들을 보내 주시어 일을 이루어 가신다. 할 수 없는 자로 하여금 하게 하시고 모든 상황과 환경을 인도해 가시는 하나님께 감사와 찬송과 영광을 올려드린다. 할렐루~야!!! 아울러 이 자리를 빌어 악보화 할 수 있도록 도움을 주신 모든 분께 다시 한 번 감사 인사를 드린다.

지금까지 약 30여 곡을 만들었고 앞으로 계속 하나님의 인도하심에 순종함으로 언약에 말씀인 성경 말씀으로 아름다운 곡을 만들어 어린이로부터 노인에 이르기까지 모든 사람의 입을 통해 찬양받으시기에 합당하신 하나님께 찬양으로 영광 올려 드릴 수 있는 날이 속히 오길 기대하고 소망한다.

할렐루~야!!! 아멘.아멘.아멘.

"내가 여호와를 항상 송축함이여. 내 입술로 항상 주를 찬양하리이다. 내 영혼이 여호와를 자랑하리니 곤고한 자들이 이를 듣고 기뻐하리로다" (시편 34: 1-2)

38 편.
예수전도단 새 찬양 공모전

하나님께서 주신 곡에 가사를 붙여 단든 곡들이 한 곡 한 곡 늘어가니 '이 곡들이 많은 사람들의 입을 통해 불려 하나님께 영광 올려드려야 할 텐데...'하는 생각이 들었다. 하지만 내게 무슨 힘이 있으며 어떠한 방법으로 이 일을 할 수 있겠는가...? 오직 하나님의 도우심을 구할 뿐!!!

나는 이 제목을 놓고 5월 마지막 주에 기도를 드렸다. 또 놀라운 일이 일어났다. 5월 31일 주일 오후 찬양예배에 내가 소속된 샤론찬양대가 하나님께 찬양을 올려드렸다. 예배를 마치고 성가 연습실로 내려가는 길에 배혜영 오르가니스트를 만나게 되었고 악보를 만들기 위한 만남의 시간을 조율하게 되었다. 사회복지 학사 자격증을 받기 위해 한 학기 공부를 더 하다 보니 시간을 내기가 어려워 약 한 달 이상을 만나지 못했었다. 날을 정하고 헤어지려는 순간 "참, 집사님. 예수전도단에서 새 찬양공모 하던데 혹시 곡 보내셨어요? 오늘까지인 것 같던데..." 나는 나의 귀를 의심하였다. "새 찬양 공모전이요?" 나는 자세한 사항을 물었고 배 선생님은 핸드폰으로 예수전도단 홈페이지에 들어가 보면서 내게 상세히 알려 주었다. 응모 기간이 5월 31일까지라고 되어 있었다. 나는 놀라움을 금할 수 없었다. "역시 우리 하나님 최고!!!" 나의 기도에 응답하셔서 주신 기회란 생각이 들었고 내 메일에 저장해 둔 악보들을 생각나게 하시며 보내야겠다는 마음을 주셨다.

"그런데 이 일을 어쩌지… 5월 31일인 오늘부터 오후 찬양예배 후 바나바교육이 시작되어 7시에 마치게 되고 마친 후 바로 진형내·길은정 집사님 가족과 함께 저녁식사를 하기로 했고, 식사 후 고대 안암병원 장례식장엘 가야 하는데… 모든 일정을 마치고 집에 가서 올릴 수 있을까?" 하는 생각을 하게 되었다. 일단 바나바 교육시간이 되어 배혜영 선생님에게 고맙다는 인사를 하고 다음 주에 만날 것을 약속 한 후 바나바 교육장소로 향하였다.

집중하여 바나바 교육을 받았다.(2012년 3월에 바나바교육을 수료하였음에도 불구하고 약 3년 만에 다시 들으니 이전에 들었을 때와 또 다른 감동이 있었다.) 첫 날이라 그런지 생각보다 조금 일찍 6시 30분쯤 마치게 되었다.

그때 '아! 교회 사무실에 양해를 구하고 사무실 컴퓨터를 이용해 메일로 곡을 보내고 약속장소로 가는 것이 안전하겠다.'는 생각이 들었다. 감사하게도 사찰집사님과 바나바 팀장님이신 이석규 안수집사님의 도움으로 우여곡절 끝에 악보를 보낼 수 있었다. 덕분에 모든 일정을 차질 없이 진행할 수 있었다. 하지만 저녁식사 시간을 못 맞추게 되어 전화로 상황을 설명한 후 양해를 구하고 약속장소에 늦게 도착했다. 생각보다 더 많이 늦었음에도 불구하고 이해해 주셔서 너무나도 감사했다.

6월 16일(화) 도서출판 예수전도단에서 문자가 왔다. "귀하의 응모곡은 2차 심사에 진출하지 못하셨습니다. 그러나 '새 찬양 공모전' 공모 요강에 안내된 바와 같이 도서출판 예수전도단 통합 홈페이지(7월 초 OPEN 예정)에 귀하의 응모곡을 한 달간 게시하여 새 찬양이 널리 알려질 수 있도록 할 예정입니다."라고 왔다. 안내사항을 참고하라고 하여 첨부파일을 열어보니 동영상으로 만들고 우튜브에 올려 「URL 주소. 곡명. 이름.」을 써서 28일까지 보내 달란 내용이었다. 총 675곡을 응모, 비록 2차 심사 56곡에 들지는 못했지만 전공자도 아니고 할 수 없는 자로 하여금 하게 하신 곡이 1차에는 통과되어 한 달간 홈페이지에 게시되는 것만으로도 놀라운 일이 아닐 수 없다.

그런데 문제는 "어떻게 영상을 만들지?"였다. 그때 마침 2014년 성지순례길에 기도의 동역자로 붙여주신 김해숙 집사님(현 권사님)이 떠올라 예수전도단에서 보내온 문자를 보냈는데 교회 예배 영상을 담당하고 있는 아들에게 말해 보라는 것이 아닌가! 난 염치없이 21일 주일에 정광현 형제에게 상황을 설명하고 도움을 요청하였고 형제는 그 자리에서 바로 흔쾌히 도움을 주기로 대답하였다. 그리고는 당일인 6월 21일 주일 오후 찬양예배를 드리고 바나바 교육을 마친 후 찬양을 녹음하게 되었다.

그런데 또 문제가 생겼다. 배혜영 선생님에게 전화하니 갑자기 시댁을 가게 되어 피아노 반주가 어렵다는 것이었다. 난감했다... 그때였다. 지난 봄 알파성령수양회에서 옆의 조와 함께 한 타임 나눔을 하며 알게 된 오소연 자매가 떠올랐다. 당시 나눔을 하며 하나님께서 예비해 주신 자매란 생각을 하였었다. 그래서 난 전화를 했다. 그런데 전화를 받을 수 없다는 멘트가 들려왔다. 혹시 하는 마음으로 문자를 남겼는데 조금 있으니 늦게 보아 죄송하다는 말과 함께 흔쾌히 도와주겠다는 문자를 남기고 교회로 와 주었다. 할렐루~야!!! 모든 것이 합력하여 선을 이루시는 하나님!!! 늘 감사할 따름이다.

이렇게 해서 정광현 형제와 윤상협 집사님이 영상, 녹음을 담당해 주었고 오소연자매가 피아노 반주를 해 주었다. 그리고 영상에 자막을 넣고 정리하는 마무리 작업을 정광현 형제가 한 주 동안 하여 28일에 맞춰 보낼 수 있었다.

이 어찌 하나님의 은혜라 하지 않을 수 있겠는가!!!

나의 가는 길과 걸음을 인도하시고 이미 나의 모든 상황을 알고 예비하시는 하나님을 송축하고 찬양하며 모든 영광 오직 하나님께만 올려드린다. 할렐루~야!!! 주님, 사랑합니다.

하나님의 영광을 위해 도움을 주시는 모든 분께 하나님께서 은혜와 복을 내려 주실 줄로 믿고 두 손 모아 간절히 기도드린다. 이 자리를 빌어 도움을 주신 모든 분께 다시 한번 머리 숙여 감사드린다. 사랑합니다. 축복합니다.

"너희 안에서 행하시는 이는 하나님이시니 자기의 기쁘신 뜻을 위하여 너희에게 소원을 두고 행하게 하시나니"
(빌립보서 2:13)

"사람이 마음으로 자기의 길을 계획할지라도 그 걸음을 인도하는 자는 여호와시니라" (잠언 16:9)

"그는 사람의 길을 주목하시며 사람의 모든 걸음을 감찰하시나니" (욥기 34:21)

39 편.
만남

우리나라는 참으로 큰 복을 받은 나라이다. 1년 동안 봄, 여름, 가을, 겨울 사계절의 아름다움을 느끼고 누리며 살 수 있으니 말이다. 사계절 중 나에겐 유난히 여름날의 추억이 참 많다. 여름하면 이러한 단어들이 뇌리에 떠오른다. 기차, 옥수수, 삶은 계란, 강촌, 자전거, 비, 다리, 태양, 바위, 계곡, 폭포, 바람, 은하수, 개똥벌레, 아이스크림, 춘천, 소양호, 보트, 배, 파도, 모래알, 자갈돌, 갈매기…

보수적이고 또 너무 엄격한 가정에서 교육을 받고 자란 나는 금기사항이 참 많았다. 그 중 하나가 통금시간이다. 그러니 외박은 생각조차 못할 일이었다. 요즘에는 자녀가 친구 집에서 자고 오겠다고 이야기하면 허용하는 부모가 참 많은 것으로 안다. 아니, 허용을 안 하려 해도 어떻게 해서든지 부모의 허락을 받아내고야 마는 것 같다. 하지만 나의 청소년, 청년시절엔 어림 반 푼어치도 없는 일이었다.

대학시절 M.T도 당일로 다녀오는 것이면 몰라도 집 밖에서 잠을 자고 오는 것이면 허락이 되지 않았다. 허락하지 않은 또 다른 이유는 M.T를 주로 주말에 가기 때문에 주일성수를 할 수 없고 세 번째 이유는 문화가 달라서였다. 술 문화는 나 스스로도 용납하기 어려웠던 것으로 내가 참석해도 그들과 어울려서 함께 할 수 있는 일이 별로 없었기 때문에 이 부분에 대해서는 불만은 없었다. 대학시절엔 학과를 책임져야 하는 과대표였을 때를 제외하고는 M.T도 가지 않았다. 하지만 내가 좋아하는 친구들과 함께 여행을 가고 싶어 잔뜩 기대하며 허락을 받고자 말씀드릴 때면 아버지는 항상 "나중에 결혼하면 남편하고 함께 다녀라. 앞으로 다닐 기회는 많아." 이렇게 말씀하시며 허락하지 않으셨다. 그럴 때면 난 볼멘소리로 혼자서 투덜거리며 눈물을 흘리곤 했었다.

 그러던 어느 날 여동생의 결혼 폭탄선언에 정신을 차리고 결혼에 대한 기도를 시작한 지 약 1년 정도 되었을 무렵 고등학교 졸업 후 8년 만에 동창 이주형과 고영수를 만나게 되었고 그 자리에서 있었던 반지사건으로 인해 이주형과 나는 서로 몇 차례 더 만남의 시간을 가지게 되었다. 정식으로 사귀어 보자는 이주형 친구의 제안을 수락하고 먼저 양가 부모님께 사진을 보여드리고 부모님의 반응을 살핀 후 날을 잡아 양가 부모님을 찾아뵙고 인사를 드린 후 공식적으로 사귀게 되었다. 그때야 비로소 통금시간을 넘겨 조금 늦은 시간에 귀가하는 것이 허용이 되었다. 그래서 당일로 함께 여행을 다녀오는 것도 가능하게 되었다.

 난 어려서부터 "한 사람을 만나 그 사람과 결혼하고 하늘나라 갈 때까지 함께 살고 혹, 먼저 가면 혼자 살 거야."라는 말을 입버릇처럼 했다. 그 한 사람과의 교제가 시작되었기 때문에도 그렇고, 또 결혼기도를 드리고 만나게 된 것이기에도 그렇고, 부모님 보시기에도 흡족한지를 여쭙고 양가 부모님의 허락하에 교제를 시작한 것이기 때문이기도 해서인지 어느 날 아버지께서는 "이제 곧 결혼을 할 것이니 지영이는 자네 책임이네." 하시는 것이 아닌가! 그리고 얼마 후 이 말로 인해 난 결혼도 하기 전에 예비 신랑에게 된통 혼이 난 일이 있었다.

 그룹과제가 유난히 많은 유아교육학과의 특성이 한 몫을 해서인지 대학 동창 중 8명의 친구와 함께 4년 동안을 각별히 친하게 지냈다. 대학 졸업 후 결혼을 하고 자녀를 양육하며 각자의 삶의 터전에서 살아가고 있음에도 불구하고 지금까지 연중 모임을 가지고 있다. 내가 예비 신랑에게 된통 혼이 난 일은 바로 이 여덟 명의 친구 중 한 명인 허희정이란 친구가 졸업 후 첫 번째로 춘천에서 결혼식을 올리게 된 날의 사건으로 인해 생긴 일이었다. 결혼식 후 신랑과 신부 그리고 신랑 친구들과 신부 친구들인 우리는 함께 공원으로 갔다.

 그 이유는 결혼식을 마친 후 전통적으로 해야 하는 의식이 있기 때문이라고 하였다. 그것은 바로 결혼을 하면 신랑을 나무에 거꾸로 매달아 놓고 마른 북어로 발바닥을 때리는 것이라고 한다. 친구 허희정은 웃고 있으나 무척이나 마음 아파하는 것 같았다. 신랑이 평소에 결혼하는 자신의 친구들을 심하게 때려서 유독 친구들에게 많은 매를 맞는 것이라고 신랑 친구 중 한 분이 친절하게 설명을 해 주었다. 이 행사를 치르고 신랑 친구들과 우리 친구들은 함께 저녁 식사를 하고 차를 마신 후 호텔 나이트클럽을 가기 의해 자리에서 일어났다. 나는 한 친구와 함께 저녁 식사만 하고 서울로 오려고 이미 기차표를 예매해 둔 상태라 따라가지 않겠노라고 이야기하였다. 그런데 친구들이 기차 시간에 늦지 않게 데려다 줄테니 함께 가자고 하며 한사코 잡아끌어 난생처음 호텔 나이트클럽을 가 보게 되었다.

　친구들은 무대에서 유아교육 학과 출신이 아니라 할까 봐 춤놀이(?)에 심취하고 (놀 줄 아는 친구가 별로 없다.) 조금씩 술을 마시며 점차 므르 익어가는 분위기에 빠져 들어갔다. 하지만 내 마음은 자꾸만 조급해졌다. 시계를 보고 또 보고… 내가 "이제 기차역으로 가야 해."하고 말하면 "조금 있다가 출발해도 돼."라고 말하며 계속해서 우리를 붙잡아 두었다. 처음 간 곳이라 혼자 나올 수도 없고… 나는 마음이 불안해졌다. 눈물이 그렁그렁, 발을 동동 구르면서 가야 한다고 조르듯 말하자 그제서야 "차가 막히지 않아 지금 가도 늦지 않아요." 하며 신랑 친구 중 한 사람이 나와 친구를 태우고 기차역으로 향해 달려갔다. 그런데 이게 웬일인가… 기차를 코 앞에서 놓치고 만 것이다. 그래서 우린 막차표를 다시 구입하였다. 그리고 시간이 많이 남아 다시 친구들이 있는 곳을 향해 발걸음을 돌렸다. 그리고는 테이블에 앉아 과일과 마른안주를 집어 먹으며 이야기꽃을 피우다 보니 어느새 시간이 그렇게나 흘러갔는지 그만… 결국엔 그 마지막 기차까지도 놓치고 말았다. 나는 조심스럽게 아버지께 전화를 드려 상황을 설명하고 결혼한 친구 허희정이 본인이 묵을 호텔에 방 한 개를 잡아 주어 친구들과 함께 잠을 자고 다음 날 새벽에 첫 기차를 타고 가겠노라고 말씀을 드렸다.

그런데 별 말씀이 없으셨다. 더 불안했다. 나는 그 날 밤에 잠을 자는 둥 마는 둥 거의 밤을 지새우고 혼자 새벽 첫 기차를 타고서 청량리역에서 내려 집을 향했다. 다행히 주일 예배를 드리는 시간 전에 도착하였다. 나는 아버지의 눈치를 살피며 어제의 상황을 조심스레 다시 한 번 말씀드리며 본의 아니게 규율을 어겨 죄송하다고 말씀드렸다. 그러자 "이젠 주형이가 알아서 하겠지."하고 한 말씀만 하셨다. 편치 않은 마음으로 주일 예배를 드리고 나는 예비남편인 이주형을 만나러 갔다. "어제 몇 시에 왔어?"하고 내게 물었다. 사실 당시엔 핸드폰이 없던 시절이기에 살짝 둘러대고 숨겼어도 되었을 텐데 난 거짓말을 할 수가 없었다. 왜냐하면 예매한 기차를 타고 집에 도착하면 전화 통화를 하기로 사전 약속을 하고 갔던 터였기에 더 더군다나 거짓말을 할 수 없었다.

그 당시 우리끼리의 전화 암호가 있었다. 집 전화로 통화를 했기 때문에 어른들 눈치가 보여 전화를 걸어 "따르릉~"하고 벨이 한 번 울리면 얼른 전화를 끊는다. 그러면 상대방이 다시 전화를 거는 것이다. 이렇게 암호를 정해 통화를 했었기 때문에 내 전화를 기다리고 있었을 예비남편 앞에서 나는 사실대로 이야기를 다 할 수밖에 없었다. 상황을 설명하고 나자 공기가 싸늘해졌다. 오랜 시간 침묵이 흘렀다. 나는 마치 거인 앞에 선 작은 난장이가 된 것 같은 느낌이었다. 그때 갑자기 청천벽력 같은 소리로 한 마디의 말을 남겼다. "나를 택하든지 친구들을 택하든지 해." 고등학교 시절부터 항상 웃는 온화한 모습과 친절한 모습, 부드러운 목소리로 이야기하는 것만 보았지 한 번도 화를 내는 모습을 본 적이 없었던 나는 단호하고 차가운 목소리와 웃음없는 무표정의 모습에 너무나도 무서워 순간 나의 두 눈에서는 왕 방울만한 눈물이 뚝뚝 떨어져 내렸다. 그리고 기어들어가는 목소리로 "미안해, 내가 잘못 했어. 마음 풀어…"라고 겨우 말하였다.

한동안 또 침묵이 흘렀다. "이제 다시는 이런 일 없을 거야." 나는 소리도 내지 못하고 훌쩍거리며 눈물을 흘리고 있었다. 그때 조용히 일어나 내 옆에 와서 앉더니 조금은 단호하나 부드러운 목소리로 "앞으로 다신 이런 일 없을 거지? 약속 잘 지킬 거지?" 하며 내게 물었다. 난 그제서야 긴장했던 마음이 눈 녹듯 풀리면서 "응." 한마디 대답을 하고는 하염없이 눈물을 줄줄줄 흘렸다. 무섭기도 하고 서럽기도 하고 또 미안하기도 속상하기도 하고… 여러 복합적인 감정이 섞여 복받쳐 흐르는 눈물이 멈

추질 않았다. 그 순간 내 어깨를 감싸 안아 품에 안고는 토닥토닥 달래주니 왜 그리 더 서럽던지… 눈물이 더 많이 나서 좀처럼 그치질 않았다. 아마도 아버지와 남편 간에 뭔가 모를 작전이 있었던 것 같다. 결혼 전 기선제압을 하기 위함이었을까? 나는 이 사건 이후로 남편과의 약속을 잘 지킬 뿐만 아니라 남편의 뜻을 어기는 일, 싫어하는 일을 한 적이 거의 없었다.

얼마 살지 않은 인생이지만 내 인생을 뒤돌아보니 정말 수많은 만남이 있었다. 귀한 만남, 감사한 만남, 행복한 만남, 즐거운 만남, 기쁨의 만남, 사랑의 만남… 한편으로는 만나지 않았으면 더 좋았을 것 같은 만남도 있었다. 나를 힘들게 한 쓰디쓴 맛 같은 아픔의 만남도 몇 차례 있었다. 그러나 그 또한 모두 해피 엔딩으로 귀결되는 만남이 되었기에 좋은 기억으로 남아 있다. 살아온 시간 시간과 상황, 환경 그 모든 것이 은혜였다. 값없이 하나님이 내게 주신 은혜이다. 나에게 모든 만남은 향기로운 만남, 행복하고 감사한 정말 귀한 만남이지만 그중에서도 "특별한 만남"을 추억해 보고자 한다.

먼저 가족과의 만남이다. 좋은 부모님을 만나게 하셨다. 옳고 그름을 알고 인간의 도리를 하며 살아갈 수 있도록 가르치셨고 무엇보다 하나님의 사랑을 깨달아 알고 느끼며 자라게 하셨다. "오직 예수의 삶"을 살아오신 아버지와 어머니이시다. 언제나 말씀과 기도로 양육해 주신 내 부모님!!! 내 인생에 있어 참으로 귀한 첫 만남이다. 조부모님 또한 마음이 따뜻하고 사랑이 많으셨다. 우리 4남매를 금이야 옥이야 귀하게 여겨 주시며 예쁘게 키워 주셨다.

특히, 결혼 후 일찍이 남편과 자녀를 모두 잃고 혼자가 되셔서 젊은 날부터 하나님과 함께 동행하며 살고 계시는 한 분뿐인 이모. 우리를 당신 자식처럼 여기고 사랑으로 돌봐 주셨다. 그리고 우리 4남매. 자라면서 때론 티격태격 의견 충들이 있었어도 항상 서로를 신뢰하고 배려하며 사랑하는 귀한 만남, 복된 만남이다. 초등학교 때 만난 구은모 선생님은 나에게 자신감을 키워 주시고 교사의 꿈을 품게 해 주신 선생님이시다. 또 나의 중학교 학창시절 마음을 나누며 함께 지냈던 친구 은금자, 그리고 고등학교 시절 신앙 안에서 더욱 견고한 우정을 쌓고 지금까지도 한결같은 마음으로 만나고 있는 친구 이정옥과 황효남. 그리고 또 내 인생에 있어 결정적 만남의 주인공인 고교 동창 이주형, 곧 나의 남편과의 만남은 기도의 응답으로 맺어진 더욱 특별하고도 귀한 만남이다.

평생 잊을 수 없는 복된 만남이다. 함께 늘 대화로 마음을 나누고, 함께 기도하고 찬송하며 하나님 앞에서 온전한 예배자의 삶을 살았고 나를 자신의 목숨처럼 아끼고 사랑해 주고 섬겨준 하나님께서 허락하신 귀한 사람이다. 박학다식하여 걸어 다니는 사전이란 별명을 얻었을 정도로 뛰어난 사람이었음에도 불구하고 교만하지 않았고 사랑이 충만하고 배려심이 많은 사람이다. 언제나 가족을 먼저 챙기고 가족과 함께 시간을 보내는 좋은 남편, 좋은 아버지이다. 비록 17년이란 짧은 인생의 시간을 함께 여행하고 먼저 하늘나라로 갔지만 내 생애에 있어 너무나도 행복하고 아름다운 만남의 시간을 보냈다.

또 하나의 특별한 만남은 남편과 나 사이에 사랑으로 맺은 열매 즉, 하나님께서 선물해 주신 아들 이준희와의 만남이다. 어려서는 아빠를 너무나도 많이 쏙 빼닮아 붕어빵이라 불리었는데 자라면서는 반반 닮았는지 아빠와 함께 보면 아빠를 닮았다고들 이야기하고 나와 함께 보면 엄마를 닮았다고 이야기를 하였다. 하긴 남편과 내가 닮았는지 고등학교 시절에 선배님들로부터 오누이 같다는 말을 참 많이 들었었다. 그래서일까? 아들은 모습뿐만 아니라 성품도 아빠를 참 많이 닮았다. 착하고 성실하고 사랑이 많으며 따뜻하다. 주변 사람들을 잘 챙기고 배려를 많이 한다. 나는 결혼 후에도 계속 유치원 교사로, 원감으로 원장으로 사회활동을 하느라 아들을 위해서 별로 해 준 것이 없는 것 같다. 지금도 그렇지만 그저 평상시 대화를 많이 나누고, 스스로 책을 읽을 수 있을 때 까지는 성경과 동화책을 많이 읽어 주었고, 어려서부터 지금까지 많이 안아주며 허그로 또 말로 격려해 주고 날마다 아들을 위해서 기도해 준 것이 전부인 것 같다.

남편이 늘 아들의 눈높이에 맞추어 함께 뒹굴어 주었다. 내가 유치원 행사로 인해 바쁜 토요일이면 아들을 데리고 산행을 하였고, 나와 함께 하는 토요일이면 거의 매주 어김없이 서점에 가서 책을 읽고 또 필요한 책들을 선별해서 구입해 오곤 했다.

또 초등학교 저학년까지는 시간이 허락되는 대로 대중교통을 이용해서 여행을 많이 다니며 다양한 체험의 기회를 가졌다. 그 아들이 건강하고 지혜로운 청년으로 잘 자라 주어서 참으로 감사하다. 이는 조물주 하나님께서 이준희를 멋진 걸작품으로 만들어 주셨고 늘 지켜 보호해 주신 전적인 하나님의 은혜이며 또 시부모님께서 잘 키워 주신 덕분이다. 모든 것이 감사요 은혜이다.

또 귀한 만남에 시부모님을 빼 놓을 수가 없다. 시아버지는 생선을 발라 내 수저에 올려 주실 정도로 자상하시고 사랑이 많으셨다. 며느리 사랑은 시아버지라 한 말을 실감하며 살았다. 준희를 낳았을 때의 일이다. 항상 며느리인 나를 딸처럼 대해 주시며 나의 이름을 부르고 귀가하시던 시아버지가 준희가 태어난 후 어느 날부터 "준희야~!!!" 하고 부르며 들어오시는데 난 너무나도 슬퍼 거의 한 달을 눈물을 흘렸다. 2006년 12월 16일 밤, 하나님의 부르심을 받고 하늘나라로 가시는 순간 온 세상이 하얀 눈으로 덮였다. 지금도 시아버지의 인자하신 모습이 생각난다.

나의 시어머니는 부족함이 많은 내게 꾸지람 한 번 하지 않으시고 지혜롭게 말씀으로 가르치시고 다 받아 주시며 하나하나 챙겨 주시면서 뒷바라지를 해주셨다. 힘들고 어려운 시대를 살아오신 어머니... 늘 생각하면 마음이 먹먹해진다. 6.25 전쟁을 겪으며 힘들게 생활하면서 자라온 어린 시절의 이야기와 결혼 후 박정희 대통령을 경호하시던 시아버지의 청렴하고 정직한 삶으로 인해 경제적으로 넉넉지 않아 힘들게 살아오신 어렵고 힘들었던 그 시절의 이야기를 들으며 눈물이 맺히곤 한다. 그럼에도 불구하고 시아버지의 뜻에 따라 늘 순종하신 시어머니는 하나님의 집, 성전 강단 미화를 위해 자비로 수년간 직접 꽃꽂이를 하며 섬기셨고 매번 부흥회 때마다 강사 목사님을 집에서 모셔 대접하고 극진히 섬기셨으며 부모님께 효도하고 형제들과 주변 사람들을 돌아보며 베풀고 나누는 삶을 살아오셨다. 정말 내게 복이 되는 귀한 만남이 아닐 수 없다. 교회를 개척하시고 목사님을 섬기시며 교회에서 여러모로 봉사하면서 주변 사람들을 돌보고 부모님께 효도하신 내 친정 부모님과 너무나도 닮은 삶을 살아오셨다. 무엇보다 새벽을 깨워 기도하시는 양가 부모님이시기에 내겐 더욱 귀하시다. 그저 감사할 뿐이다.

또 하나의 귀한 만남이 있다. 내가 영적으로 성장할 수 있도록 허락하신 만남이다. 그것은 바로 좋은 교회, 좋은 목회자를 만나게 하신 것이다. 장위동에 위치한 꿈의숲교회와 담임 최창범 목사님을 만난 것이다. 모태신앙으로 하나님을 사랑하고 열정있는 신앙생활을 해오며 고등학교 때 치유체험을 통해 부모님의 하나님에서 나의 하나님이 되는 신앙성장의 계기가 있었지만 하나님을 깊이있게 만날 수 있는 영적 안내자의 역할을 해 주신 분이 없었다.

그런데 결혼 후 종암동에서 시부모님과 함께 살고 있던 집이 아파트로 재건축을 하게 되면서 가족 모두가 함께 장위동으로 이사를 오게 되었다. 그러면서 1995년 말경부터 꿈의숲교회 전신 장위동교회에 출석하게 되었다. 하나님의 자녀로서 의무는 다 하면서 등록을 하지 않고 예배만 드리다가 2011년 10월 말 현 꿈의숲교회에 등록하고서 새로운 마음으로 하나님과의 첫사랑, 초심을 회복하고자 새신자반 교육과 알파교육(현재까지 11회를 참석하며 성령 하나님을 깊이 만나게 되었고 많은 은사를 받게 되었다.), 바나바, 중보기도, SOL 3단계 교육을 받았고 그로인해 믿음이 더욱 성장하게 되었다.

특히, 10주간 진행되는 알파라는 프로그램에서 최창범 담임목사님께서 직접 하시는 토크, 강의를 통해 성령님에 대해 바로 알게 되었고 그러면서 영적 성장이 되었으며 깊은 영적 세계를 경험하게 되었다. 오직 말씀과 기도, 찬양을 하나님께 올려드리며 하나님이 기뻐하시는 거룩한 삶을 살아가도록 이끌어 주셨다. 내 인생에 있어 터닝 포인트가 된 소중한 만남이다.

내 인생에 있어 최고의 만남, 가장 귀한 만남은 바로 이 모든 만남을 허락해 주신 분, 창조주 하나님이신 나의 영적인 아바 아버지 삼위일체이신 하나님과의 만남이다. 내 의사와는 상관없이 나를 택하셔서 태어나면서부터 하나님을 믿는 사람이 되게 하셨고(모태신앙) 지금까지 살아오는 동안 언제나 내 마음 속에서 세미한 음성으로 말씀하시며 내 길과 걸음을 인도해 주시는 분이시다.

그럼에도 불구하고 결혼 후 그 분의 존재를 서서히 멀리하며 살았었는데 다시 회복하여 살아계신 하나님, 지금도 역사하시는 하나님을 더 깊이있게 만나 사랑의 교제를 하며 날마다 기쁨과 감사와 평안, 행복과 사랑이 차고 넘치는 생활을 하고 있다. 물론 지금까지 살아온 이전의 삶의 여정에도 부족함이 없는, 지금과 동일한 은혜와 복을 주셔서 행복했지만 하나님과 함께 온전히 동행하는 현재의 삶의 행복과는 족히 비교할 수가 없다. 오직 하나님에 인도하심을 따라 믿음으로 순종하는 삶이 얼마나 복된 삶인지를 고백하지 않을 수 없다.

2006년부터 깊이있게 기도하게 하셨고 3년간 믿음을 시험하시고 연단하시며 부족한 나를 정금같이 귀하게 만들어 주셨다. 그러면서 내려놓음과 순종의 삶에 대해 가르쳐 주셨다. 그 중 하나가 유아교육자의 길을 내려놓은 것이었다. 그에 순종하고 하나님의 인도하심을 따라 살았다. 그랬더니 할 수 없는 자로 하여금 곡을 주시어 작사, 작곡을 하게 하시고 내 삶의 간증을 쓰게 하시며 수필가가 되게 하셨고 성악을 공부하게 하시어 찬양을 하게 하신다. 또 그 모든 과정을 순종함으로 통과하고 나니 다시 유치원으로 보내 주셔서 생명을 살리는 사명을 감당하게 하신다.

이제 나의 남은 생은 오직 하나님만을 찬양하며 살아계신 하나님께서 나를 통하여 행하신 일들을 전하고 증거하라고 하신 명령에 따라 하나님께서 이끌고 인도하시는 대로 믿음으로 한 걸음 한 걸음 내딛으며 순종의 삶을 살아가련다. 또 앞으로도 나를 위해 예비하신 만남의 복을 기대하고 나를 통해 이루실 크고 비밀한 일들을 기대하며 감사함으로 하루하루를 사는 삶이 되련다. 사도 바울의 고백(갈 2:20)이 나의 삶의 고백이 되길 소망하며 두 손 모아 간절히 기도드린다. 할렐루~야!!!

  이처럼 귀한 만남의 복을 주신 하나님께 감사와 찬송과 영광을 올려드린다.

  아바 아버지 하나님, 사랑합니다. 사랑합니다. 사랑합니다.

"내가 그리스도와 함께 십자가에 못 박혔나니 그런즉 이제는 내가 산 것이 아니요 오직 내 안에 그리스도께서 사신 것이라. 이제 내가 육체 가운데 사는 것은 나를 사랑하사 나를 위하여 자기 몸을 버리신 하나님의 아들을 믿는 믿음 안에서 사는 것이라"(갈라디아서 2:20) 아멘, 아멘, 아멘!!!

40 편.
우연인가? 섭리인가?

아이쿠, 아야 아야… 평지 길을 걷다가 발을 삐끗하며 발목이 꺾였다. 발을 살살 털어 보고 발목을 돌려보았다. 다행히 발에 아무런 문제도 없었다. 어려서부터 유난히도 길을 걷다가 발이 바깥쪽으로 삐끗, 기우뚱~을 잘 한다. 도대체 뭐가 문제인지 잘 모르겠다. 발목이 가늘고 발이 작아서일까? 지금까지 수없이 많은 삐끗거림이 있었으나 그럼에도 불구하고 살아오는 동안 발을 삐거나 뼈가 부러진 적은 한 번도 없었다.

　어느 날은 건널목을 건너고 있는데 마치 뒤에서 누군가가 나의 등을 떠다민 것처럼 갑자기 내 몸이 앞으로 수그러지면서 몇 걸음을 달려가다가 앞으로 고꾸라져 넘어지고 말았다. 또 그럼에도 불구하고 나의 몸 어느 곳 하나 상한 곳이 없었다. 결혼 후 언젠가는 남편과 함께 종로서적을 가기 위해 종각 지하도 계단을 내려가는데 또 발을 삐끗하며 계단을 헛딛는 일이 있었다. 순간 나의 몸이 휘청거렸다. 그리고는 앞으로 고꾸라지려는 찰나에 남편이 나의 팔을 꽉 잡아 주어 다행히 넘어져 구르지 않앉다. 하지만 내 왼쪽 발에 신겨진 구두가 발에서 벗겨져 계단 저 아래로 데굴데굴 굴러 내려가고 있었다. 자상한 남편은 어느새 뛰어 내려가 신발을 집어와 마치 신데렐라에게 구두를 신기듯 내 발에 신을 신겨 주었다. 이때도 마찬가지로 내 몸 어느 곳 한 군데도 상한 곳은 없었다.

눈이 많이 내린 겨울, 어느 날이었다. 버스 정류장에서 발을 동동거리며 버스를 기다리고 있었다. 마침 버스가 와서 조심조심 빙판을 걸어가 승차하려고 한 발을 들어 올리려는 순간, 땅바닥 살얼음 부분을 밟으며 미끄러지면서 중심을 잃고 오른쪽 정강이를 계단 철판에 부딪치고 말았다. 순간 움직일 수조차 없이 너무너무 아팠다. 겨우 차에 올라 자리에 앉은 후 바지를 살살 걷어 올리고 정강이를 보니 아주 깊이 패이어 피가 흐르고 있었다. 가방 안에 비상약과 밴드가 있어 우선 응급처치를 하고는 차에서 내려 병원을 찾아갔는데 다행히 뼈에는 이상이 없었다. 얼마나 감사하던지… 지금도 상처가 남아 있어 볼 때마다 그날을 떠올리며 감사한다. 그뿐인가 책을 읽으며 길을 걸어가다가 전봇대와 부딪칠 뻔한 일도 있었다.

무더운 여름 어느 날, 남편과 나와 아들은 결혼 전 남편과 함께 데이트 하던 그 시절에 추억이 많은 강촌에 가서 자전거를 빌려 탄 적이 있었다. 자전거 타기 초보인 나는 인적이 드문 강촌 다리를 건너는 중 인도로 자전거를 타고 천천히 가고 있었다. 그런데 갑자기 핸들이 좌우로 마구 흔들리더니 비틀비틀 그만 중심을 잃고 차도로 자전거와 함께 쿵 하고 굴러떨어지고 말았다. 나도 그렇지만 남편과 아들이 너무 놀라서 달려와 괜찮냐며 나를 일으켜 세웠다. 그런데 그럼에도 불구하고 신기하게도 난 어느 곳 하나 다친 곳이 없었다. 심지어 까진 곳도 없었다. 그제서야 안도의 숨을 쉬고는 웃음바다가 되어 버렸다. 떨어지는 모습이 마치 똥덩이 같았다나?…

 그뿐인가! 아들 이준희를 임신한지 3개월 쯤 된 2월에 있었던 일이다. 눈 그리고 얼음과는 상극인 내가 퇴근길에 약간 비탈진 언덕길을 내려오다가 그만 눈길에서 미끄러지면서 엉덩방아를 쿵 하고 찧고는 넘어졌다. 임신 초기에 이러한 경우에 유산이 되는 일이 많다고 들었는데 너무나도 신기하고 감사하게 아기와 산모 모두 건강했고 열 달을 다 채우고 건강하게 태어나 잘 자라 주었다. 늘 감사하고 있다. 내가 지금까지 살아오는 동안 눈길에서 넘어진 횟수만 해도 헤아릴 수 없이 많았고 숫하게 발목을 삐끗하기도 하였으며 청소하다가 물기 있는 바닥에 미끄러져 넘어지며 머리를 바닥에 부딪치고 별을 본 적도 있었고, 또 수영장에서 미끄러져 뒤로 넘어진 일도 있었으며 유치원 기계실에서 전기 기기를 만지다가 감전된 적도 있었고 길을 건너려고 서서 기다리고 있는데 신호가 초록불로 바뀌어 발을 앞으로 내딛는 순간 커다란 트럭이 휘릭 지나가는데 찰나 뭔가 모를 힘이 나를 뒤로 잡아당기는 것 같은 느낌과 함께 몸이 앞으로 나아가지 않고 오히려 뒤로 한 걸음을 물러서게 되어 위험한 일을 면

한 적도 있었다.

　그외에 다 기억하지는 못해도 살아오며 위험한 상황이 순간 순간 얼마나 많았는지 모른다. 그러고 보니 내가 태어나던 날도 엄마의 뱃속에서 나오며 태반이 안 나와 거의 반나절 이상을 엄마와 내가 위험한 상황이었다고 들었다. 정말 그럼에도 불구하고 감사하게도 나는 지금까지 건강하게 잘 살고 있다. 이러한 내 삶을 돌아보면서 천지만물과 인간이 창조된 것에는 목적이 있다는 것과 신(神)이 존재하고 있다는 생각을 더 깊이 해 보게 된다.

　2014년 봄, 주일예배를 드릴 때 있었던 일이다. 말씀을 듣는 중 갑자기 "네 삶의 간증을 쓰라"는 음성과 함께 마음을 강하게 주셨다. 역시나 "내가 무슨 글을 써…"하며 순종하지 않았다. 난 글을 쓸 능력도 자신도 없었다. 그때 페친인 러시아 선교를 하시는 우정쿠 선교사님께서 "기도 중 만나라는 마음을 주신다."고 메시지를 보내 주셔서 나는 먼저 하나님께 기도를 드려 묻고 만나라는 마음을 주셔서 동생과 함께 나가서 만나게 되었다. 그런데 놀랍게도 책을 출판하시게 될 간증을 하셔서 나로 듣게 하심과 동시에 출판한 책을 받아보게 하셨다. 또 한 번 놀라지 않을 수 없었다.

　선교사님께도 하나님께서 곡을 주셔서 찬양을 만든 것이 있었는데 삶의 간증을 쓴 책에 함께 찬양을 수록한 것을 보게 된 것이다. 내가 기도하던 것의 응답인 것이다. "만든 찬양곡을 어떻게 해야 할까요…?" 하고 기도를 드리고 있었기에 더욱 놀라지 않을 수가 없었다. 나는 순종하여 내 삶의 간증을 쓰기 시작했고 2015년엔 생각지도 않은 국제문단에 등단하게 하시고 한빛문학지에 3개월마다 한 편의 글을 싣게 하셨다. 찬양곡도 함께 수록한 내 삶의 간증문집을 만들게 하실 하나님을 기대한다. 날마다 놀라운 기도의 응답을 경험한다.

　2017년에도 수없이 많은 다 기록 할 수 없는 놀라운 일들을 경험하며 하루하루의 시간을 보냈다. 지천명의 나이를 넘어 지금까지 살아오는 동안 정말 수많은 일이 있었다. 기쁜 일, 슬픈 일, 힘든 일, 아픈 일, 놀라운 일, 어려운 일, 감사한 일 등… 이 모든 일들이 내 삶 가운데 우연히 일어난 일들일까? 하나님을 깊이 있게 만난 후에는 이 우연 같은 일들이 너무나도 많이 일어나고 있다. 기도하지 않아 기도의 응답을 받아보지 못했을 때는 우연이라고도 말할 수 있었겠지만 적어도 기도자의 삶을 살며 기도의 응답을 받고 살아가는 내겐 이제는 우연이란 있을 수 없는 일이 되었다. 모든 것이 하나님의 계획과 섭리 가운데 일어나는 일임을 분명히 알게 되었다. 내가 기도하지 않고 사는 날 동안에도 나를 위해 기도해 주시는 부모님과 그 외 많은 중보기도를 해주시는 분들이 계셨기에 모든 상황과 환경 가운데 건강과 안전으로 지키시고 보호해 주신 것이었고 내가 스스로 기도하며 사는 날 동안엔 확실한 증거를 보여 주시며 내 삶을 인도해 가신다.

언제나 내게 가장 좋은 것으로 주시는 하나님이심을 고백하지 않을 수 없다. 천지를 창조하시고 우주만물을 다스리시며 인간의 생사화복(生死禍福)을 주관하시는 분. 그분이 나의 아바 아버지 하나님이시다. 나의 남은 삶은 나를 지으시고, 날 부르시고 세상에 보내시는 하나님 아버지의 뜻에 따라 세상에서 빛이 되고 소금이 되어, 살아계시고 지금도 역사하시는 하나님을 전하고 증거하는 삶을 살아가리라. 살아계신 주 나의 참된 소망 되신 만군의 주 여호와 하나님을 찬양하며 모든 영광을 하나님께 올려드린다. 할릴루~야!!!

나를 지으신 이가 하나님
나를 부르신 이가 하나님
나를 보내신 이도 하나님
나의 나 된 것은 다 하나님 은혜라

나의 달려 갈 길 다 가도록
나의 마지막 호흡 다 하도록
나로 그 십자가 품게 하시니
나의 나 된 것은 다 하나님 은혜라

한량없는 은혜 갚을 길 없는 은혜
내 삶을 에워싸는 하나님의 은혜

나 주저함 없이 이 땅을 밟음도
나를 붙드시는 하나님의 은혜

한량없는 은혜 갚을 길 없는 은혜
내 삶을 에워싸는 하나님의 은혜
나 주저함 없이 이 땅을 밟음도
나를 붙드시는 하나님의 은혜

"그러나 내가 나 된 것은 하나님의 은혜로 된 것이니 내게 주신 그의 은혜가 헛되지 아니하여 내가 모든 사도보다 더 많이 수고하였으나 내가 한 것이 아니요 오직 나와 함께 하신 하나님의 은혜로라"(고린도전서 15:10)

"내가 너와 함께 있어 네가 어디로 가든지 너를 지키며 너를 이끌어 이 땅으로 돌아오게 할지라 내가 네게 허락한 것을 다 이루기까지 너를 떠나지 아니하리라 하신지라"(창세기 28:15)

41 편.

생명

2016년 가을 어느 날 우리 집에 새 식구가 생겼다. 바로 구피이다. 아들이 제대 한 후 한 달이 채 지나지 않아 바로 어학연수를 가게 되었다. 허전한 내 마음을 달래주기 위한 하늘의 아버지가 내게 보내주신 보너스 선물! 바르 31마리의 구피. 생각지도 않은 물고기 구피를 허명옥 전도사님께 받게 되었다. 그런데 약 1년을 키우며 가족 수가 약 5배로 늘게 되었다.

처음 아가 구피가 태어났을 때 너무너무 신기해서 눈이 휘둥그레졌었다. 어미 구피의 몸도 그리 크지 않은데 어떻게 그 속에서 일곱 마리의 구피가 나올 수 있을까? 난 기도했다. "하나님, 저 구피가 새끼 낳는 것 한 번만 보게 해주세요. 꼭 한 번만 보게 해주세요…" 어항 속 구피를 볼 때마다 이렇게 기도드렸다. 구피가 새끼를 배고 배가 많이 불러 마치 낳을 것 같은 느낌이 있었던 어느 토요일. 어항 청소를 하고 물을 갈아 주느라 구피들을 작은 어항에 옮겨 놓았다. 특별히 커다란 양은그릇에는 새끼 밴 구피를 따로 건져 놓았다. 그리고는 베란다에서 어항을 닦고 있는데 거실에서 시어머니의 소리가 들렸다. "야, 야, 지영아, 구피가 새끼를 낳았나 봐. 이거 새끼 아니냐? 어서 와봐." 나는 손을 씻고 달려갔다. 아, … 이게 웬일… 정말 아주 작은 새끼 여러 마리가 돌아다니고 있었다.

  난 베란다에 다시 가서 어항 씻는 것을 마무리하고 물을 담아와 구피 가족들을 옮겨 넣었다. 그리고 방금 낳은 새끼들도 건져 내어 작은 어항에 따로 넣었다. 큰 어항에 넣으면 새끼를 잡아먹는다는 말을 들었기 때문이다. 그리고 본격적으로 구피가 새끼 낳는 것을 관찰하였다. 마침 어항 청소를 위해 구피를 따로 건져 놓았을 때 새끼를 낳게 되어 관찰의 기회가 내게 주어졌다. 평소처럼 난 마음속으로 계속 기도를 드렸다. 드디어 어미 구피의 꼬리 밑 엉덩이 부분이 열리며 까아만 물체가 퐁하고 튀어나왔다. "아기 구피다~!!!" 그리고는 잠시 후 새끼가 아닌 노란 동그란 알 같은 것이 쏘옥 나와 똑~ 떨어졌다. 어미 구피는 몸을 휙 하고 돌리더니 그 노오란 동그란 알을 순식간에 먹어버렸다. 또 기다렸다. 순식간에 두 마리의 새끼를 더 낳았다. 그리고는 더 이상 낳지를 않았다.

  출산이 끝났다. 이날 총 11마리의 새끼를 낳았다. 정말 제대로 한 마리의 새끼 구피가 태어나는 것을 보게 된 것이다. 난, 너무나 감사했다. 그렇게 오랜 기간 동안 구피를 키웠어도 새끼 낳는 것을 한 번도 보지 못한 사람들이 많은데… 놀라운 기도의 응답이다. 이렇게 만남은 시작되는구나.

응애~응애~ 울음과 함께 이 세상에 첫 발을 내딛어 부모님과 가족들과의 행복한 첫 만남의 기쁨을 누리고 성장해가면서 만난 수많은 만남들… 그 중 내 생애에 있어 제2의 인생을 시작하게 된 귀한 남편과의 소중한 만남이 있었다. 이 세상에 오는 것은 내 의지와 상관없이 정해진 순서대로 오는데 이 세상을 떠날 때는 내 의지와 상관없이 정해진 순서가 없이 창조하신 분의 부르심에 따라가야 하니 하루하루를 살아가는 인생 여정이 시한부 인생이나 다름없다. 그저 나에게 하루하루 생명 주심이 감사할 뿐이다.

2017년 봄, 4월에 내가 다니는 꿈의숲교회 간증집회 강사로 오신 소망교도소 부소장이신 박효진 장로님께서 이런 말씀을 하셨다. "하루를 마무리하고 잠자리에 드는 것은 죽는 것이다. 왜? 못 깨어날 수도 있으니까! 아침에 눈을 뜨고 깨어나는 것은 다시 살아난 것, 즉 부활한 것이나 다름이 없다."라고 말씀을 하셨다. 정말 그렇다. 어제도 만나 차를 마시며 이야기 나누었던 사람이 밤새 안녕, 자다가 심장마비로 하늘나라로 갔다는 말을 들을 때면 인생의 무상함과 허무함을 깨닫게 된다. 죽음 앞에서 나의 존재가, 또 인간이, 아무것도 아님을 고백하지 않을 수 없고 생사화복을 주관하시는 오직 한 분, 유일하신 하나님을 인정하지 않을 수가 없다.

바로 내가 그랬다. 결혼 기도를 드리는 중 하나님의 계획과 섭리 가운데 만남을 허락하시고 결혼 후 17년 동안 병원 신세지는 일이 없이 건강하게 알콩달콩 너무나도 행복한 시간 시간을 보내며 살던 우리 부부가 다시 만날 날에 대한 기약도 없이 이별을 하였다. 결혼 후부터 나에게 모든 것이었던 남편이 하나님의 부르심을 받고 2011년 10월 15일 하나님 나라로 먼저 간 것이다. 우리의 만남을 이미 계획하시고 행복한 결혼생활을 허락하신 하나님께서 왜 남편을 빨리 부르셨는지 도저히 내 머리로 이해할 수가 없었다. 그러나 '하나님의 뜻이 있겠지.' 생각하며 하나님을 신뢰하였다. 하지만 한 달도 채 못 되어 "하나님, 왜요? 왜 데려가셨어요?" 인생을 향한 하나님의 계획과 섭리를 삶 가운데 체험하여 너무나 잘 알고 있기에 하나님을 원망할 수는 없었지만 너무나도 그 이유를 알고 싶었다. 그래서 나는 눈물을 흘리며 간이 저리게 하나님께 부르짖어 기도하며 묻지 않을 수가 없었다.

아무 말씀도 하지 않으셨다. 그러나 기도를 드릴 때마다 내 마음을 위로해 주셨고 힘을 주셨다. 하나님께서 나와 함께하신다는 확신을 주셨다. 기도의 시간이 길어지고 깊어지면서 나는 하나님을 깊이 만나게 되었다. 그리고 이별의 상처가 점차 회복되었고 하나님과의 첫사랑이 회복되었다. 그 이후로는 육적인 행복한 삶보다 영적으로 행복한 삶이 더 기쁘고 행복한 것임을 날마다 경험하며 살고 있다. 몇 년이 지난 어느 날 기도 중 하나님께서는 남편을 부르신 이유도 말씀해 주셔서 알게 하셨다. 이 날을 위해 하나님께서는 이미 어린 시절 나의 평생에 말씀으로 이사야 41장 10절의 말씀을 주셨나 보다.

"두려워하지 말라. 내가 너와 함께 함이라- 놀라지 말라. 나는 네 하나님이 됨이라. 내가 너를 굳세게 하리라. 참으로 너를 도와주리라. 참으로 나의 의로운 오른손으로 너를 붙들리라"
(이사야 41:10)

하나님 아버지께서 나에게 "이제는 나와 함께 살자."라고 초청해 주신 말씀에 "아멘"으로 답하였다. 결혼과 함께 하나님보다 남편을 더 사랑한 나에게서 남편을 데려 가시고 약 3년의 시간이 지난 후 나의 질문에 답을 해 주신 하나님 아버지의 말씀 "내가 너를 사용하기 위함이었다."에 감사와 순종으로 나아가며 다음과 같이 고백한다. "아바 아버지 하나님, 이제는 내가 오직 하나님께만 꼭 붙어 있어 하나님 안에 거하며 하나님 아버지의 뜻에 따라 순종하면서 하나님과 함께 늘 동행하는 삶 살겠습니다. 나를 마음껏 사용하시옵소서. 할렐루~야!!!"

나의 아바 아버지 하나님!
사랑합니다. 사랑합니다. 사랑합니다.

"헛되고 헛되며 헛되고 헛되니 모든 것이 헛되도다"
(전도서 1:1)

"그가 찔림은 우리의 허물을 인함이요. 그가 상함은 우리의 죄악을 인함이라. 그가 징계를 받음으로 우리가 평화를 누리고 그가 채찍에 맞음으로 우리가 나음을 입었도다. 우리는 다 양 같아서 그릇 행하여 각기 제 길로 갔거늘 여호와께서는 우리 무리의 죄악을 그에게 담당시키셨도다"(이사야 53:5-6)

"나는 오직 주의 사랑을 의지하였사오며 나의 마음은 주의 구원을 기뻐하리이다. 내가 여호와를 찬송하리니 이는 주께서 내게 은덕을 베푸심이로다"(시편 13:5-6)

42 편.
배은망덕(背恩亡德) 쵸코

"**키**도 크고 잘 생겼네요."
아들과 함께 다니면 언제나 듣는 인사말이다. 엄마가 되기 위해서는 누구나 다 배 아파하며 자녀를 낳을 것이다. 나의 경우에도 마찬가지였다. 첫 임신이라 진통이 오기 시작하니 무서워서 아침을 먹고 일찍 서둘러 병원에 갔다. 출산할 준비를 다 하고 기다리고 있는데 자궁 문이 열리지 않아 고통스러운 하루를 보냈다. 밤이 되며 통증은 잦게 느껴지는데 여전히 자궁문은 열리지 않고 하루 종일 굶은 터라 배는 고프고… 그 와중에도 배가 너무 고프니 밥 좀 달라고 떼를 써서 결국 늦은 저녁식사까지 하고 밤을 지새웠다.

다음 날 아침, 여전히 아기는 나올 기미도 보이지 않는데 양수가 먼저 터져 의사선생님께서 수술을 하자고 권유하셨다. 그럼에도 불구하고 난 자연분만을 하겠다고 고집을 부리며 열두 시간을 버텼다. 그런데 양수가 터진 후 열두 시간이 지나면 감염으로 아이가 위험할 수 있으니 수술을 해야 한다는 의사선생님의 말씀에 마지못해 눈물을 흘리며 "수술해 주세요."하고 수술실로 들어갔다. 1994년 9월 11일 주일 낮 12시 30분경 우여곡절 끝에 아들 이준희가 태어났다. 겪어야 할 진통은 다 겪고 고생은 고생대로 하면서 결국 자연분만을 하지도 못하고 수술을 하여 힘들게 낳은 아들을 보는 이마다 칭찬해 주니 은근히 기분이 좋다.

결혼을 한 후에도 계속 유치원 교사로 근무한 나는 출산 전후 3개월을 쉬고 다시 유치원으로 복귀하였다. 그러다 보니 아들 이준희는 거의 친할아버지와 친할머니 손에서 키워졌고 나보다 시간적 여유가 있었던 아빠가 아들을 양육하고 교육하는 시간이 더 많았다. 아들이 아빠와 함께 할 수 있는 시간이 많아서 참 감사했다. 내가 할 수 있었던 것은 준희를 위해 기도하고 말씀과 동화 읽어 주기, 씻기기, 분유 먹이며 잠재우기(내가 먼저 잠들고 젖병이 준희 코에 얹혀져 있는 경우가 다반사였지만...), 언어와 수 놀이하기, 새벽마다 깨어서 "어야~ 어야~"하면서 문쪽을 가리키며 밖에 나가자고 떼쓰는 아이를 등에 업고 남편과 함께 손잡고 동네 한 바퀴 돌고 들어와서는 다시 잠재우기 정도였다. 그리고 주말이나 휴일, 시간이 날 때면 남편과 함께 아들을 데리고 자연으로 서점으로 또 다양한 체험 및 경험을 해 볼 수 있는 곳을 찾아다녔다. 체험학습관, 미술관, 음악회, 연극, 마술 쇼 등...

평소 퇴근을 하고 파김치가 된 모습으로 집에 오면 그러한 나를 보시며 시부모님께서는 "피곤해 보인다."고 걱정하시면서 준희를 데리고 주무시겠다고 했다. 하지만 잠잘 때만큼이라도 아이와 함께 있고 싶어 "괜찮아요. 제가 데리고 잘래요. 낮에도 못 보았는데 밤에라도 함께 해야죠. 하루 종일 애쓰셨잖아요."하고 말씀드렸다. 정말 몸은 힘들었으나 아이를 옆에 누이고 데리고 자는 것이 참 행복했다. 그 아이가 무럭무럭 자라서 어느새 27세의 청년이 되었다. 기도로 키운 아들 이준희가 건강하고 지혜롭게, 또 무탈하게 잘 자라 주어서 날마다 하나님께 감사드린다.

준희가 유치원을 다닐 때의 일이다. 여섯 살로 기억한다. 그때부터 강아지를 키우고 싶다는 이야기를 하기 시작했다. 하지만 아파트에 살다 보니 강아지를 키울 수가 없어서 아이를 설득시키고 단독주택이나 전원주택으로 이사를 가면 키우자고 제안한 후 강아지 인형으로 대체하여 마음을 달래 주었다. 초등학생이 되어서도 여전히 강아지에 대한 미련을 버리지 못해 로봇강아지를 사 주어 마음을 달래주려 했으나 그것으로도 만족하지 않았다. 그럼에도 불구하고 생각이 자라고 이해력과 상황 판단력이 생겨서인지 스스로 체념을 하였다.

세월이 흘러 군 제대 후 복학하여 대학교 3학년이 된 지금 아들이 또다시 강아지 타령을 한다. 이제는 머리가 커져 자신의 뜻을 굽히지 않는다. 요즘은 아파트에 살면서도 많은 집에서 강아지를 키우다 보니 설득력도 떨어진다. 이내 아들은 강아지를 키우자고 아우성이다. 그 말에 할머니는 절대 반대이다. "데려오기만 해봐. 난 내보낼 거야. 그리고 안 봐 줄 거야. 집안에서는 불쌍해서 안돼. 마당이 있는 집에서 키워야지." 남편이 어렸을 때 단독주택에 살면서 어머님도 강아지와 고양이를 키웠었다는 이야기를 하시면서 강하게 반대를 하신다.

　나는 동물을 워낙 좋아하기에 키우고는 싶으나 아파트에서 살기에 만류할 수밖에 없었다. 그래도 소용이 없다. "나 데려온다. 알았지?" 아이쿠... 한 번 한다면 하는 아들이기에 큰일 났다 싶었다. 그래서 나는 먼저 기도를 드렸다. 그런데 "준희의 마음을 헤아려주어라." 하는 음성이 들렸다. 그 음성이 들려지는 순간 마음이 뭉클해지며 눈에 눈물이 고였다. 왠지 마음이 아팠다. 그래서 난 중립의 입장을 택하였다. 그리고는 준희를 조용히 불러 이야기를 하였다. "사랑하는 아들, 엄마가 하나님께 기도를 드렸는데 너의 마음을 헤아려주라고 하셨어. 하지만 네가 먼저 해야 할 일은 할머니를 설득하는 일이야. 저렇게 완강하게 반대를 하시는데 지금 데리고 오는 건 있을 수 없는 일이야. 알았지? 그리고 너도 기도드려. 할머니의 마음을 움직여 달라고... 그래서 좋다고 하시면 그때 데리고 와. 그 전에는 안돼. 알았지?" 나는 신신당부를 하였다.

　다음 날, 나는 어머님께 기도드린 이야기와 준희의 생각을 조근조근 말씀드렸다. 그리고 하루가 지났다. 그 날 저녁 준희는 다시 한 번 할머니께 말씀드렸다. "할머니, 할머니도 낮에 혼자 계시는데 강아지가 있으면 서로 의지도 되고 심심하지도 않고 좋으실 거야." 다음 날 아침, 어느새 할머니의 마음이 누그러져 손주의 마음을 이해해 주셨다. 준희는 신이 나서 사부작사부작 강아지가 오면 있을 자리를 먼저 마련하고는 강아지를 데리고 오기 위해 밖으로 나갔다. 파향견을 분양해 주는 잠실에 있는 도그마루란 곳에 가서 데리고 올 강아지를 물색하는 그 시간에 갑자기 내 마음에 '사진을 찍어 보내라'는 생각이 들어 아들에게 문자를 보냈다. 그랬더니 여러 장의 사진을 보내와서 보며 잠시 기도를 드렸다. 그런데 "내가 예비했다."는 마음을 주신 강아지가 있었다.

밤색 털과 동그랗고 까만 눈을 가진 푸들이었다. 이름은 쵸코.. 그래서 아들에게 이야기하니 핸드폰 동영상으로 보여 주는데 마치 오래전부터 알고 지냈던 것처럼 초코가 준희를 잘 따르고 마구 매달린다. 뒷다리 두 발로 서서 마치 준희에게 "나를 데려가 주세요..."라고 말하고 있는 것 같이 느껴졌다. 둘이 서로 뭔가 통하는 것이 있는지 너무너무 좋아한다. 준희가 개띠인 것을 아는 걸까?

이렇게 해서 2018년 1월 9일. 우리 집에 새 가족이 생겼다. 바로바로 쵸코이다. 쵸코가 우리 집에 온 날로부터 많은 것을 깨닫게 하신다. 나 자신을 돌아보게도 하시고 하나님과 인간의 관계를 보게도 하시며 쵸코의 마음도 헤아리게 하신다. 자연, 식물 그리고 동물과 대화를 해 보고 싶었던 내게 기회를 주신 것이다. 내가 쵸코와 함께 지내며 느끼고 생각한 것을 함께 나누고자 한다.

1. 편견

길을 걷다 보면 강아지를 안고 다니거나 심지어 포대기로 둘러업고 다니는 것, 또 강아지를 유모차에 태우고 다니는 모습들을 종종 보게 된다. 또 옷을 입히고 신발을 신기고 머리도 묶고 하여 잔뜩 멋을 부린 강아지를 데리고 산책하면서 강아지에게 "엄마가 해줄게." 하며 이야기하는 것을 들으며 의아하기도 했고 도저히 내 머리로 그러한 상황을 이해할 수가 없었다. 대 놓고 말할 수는 없었지만 내 마음속에선 이미 그러한 모습을 정죄하고 있었다. '아니, 개는 개지 도대체 저 모습이 뭐야? 그리고 개한테 엄마라고? 그럼 자신이 개란 말인가? 정말 이해할 수 없어. 또 개한테 옷은 뭐고 신발은 다 뭐람...' 난 마음속으로 그 상황을 보며 툴툴거렸다. 그런데 웬걸... 쵸코가 우리 집에 오고 나니 역지사지(易地思之)란 말이 왜 그리도 크게 와 닿는지... 다른 사람의 처지에서 생각을 해야 하는데 내 생각, 내 잣대로만 생각했던 나의 모습이 부끄러워졌다. '쵸코에게 나의 호칭을 무어라 해야 할까?'부터 고민하게 되었고 왜 신발을 신기고 옷을 입히는지, 그리고 강아지를 아기처럼 대하는 모습들이 이해가 되기 시작했다. 나 역시 호칭에 대해 생각하며 "준희엄마가 해줄게." 아니야..."아줌마가 해 줄게" 이것도 아니야... "내가 해 줄게"… 아냐아냐. "엄마가 해줄게" 그렇구나. 이 말이 가장 자연스럽구나. 쵸코가 우리 집에 처음 온 날 가족을 소개하였다. "이 분은 준희 형의 할머니이셔. 그리고 난 준희 형의 엄마야. 너를 데리고 온 이 형이 바로 이준흐야." 결국 이 호칭으로 소개를 할 때부터 이미 쵸코를 우리의 가족으로 받아들인 것이었다. 가족!!!

  2. 식탐

  먹을 것을 보면 쵸코는 그곳에 눈과 온몸을 고정시키고 음식에만 집중한다. 옆에서 아무리 쵸코의 이름을 부르고 무어라 말을 해도 아랑곳하지 않는다. 쵸코는 자신의 몫을 먹고 나서 또 곧바로 음식에 관심을 보인다. 하루는 아들의 아침식사를 챙겨줄 수가 없어 김밥을 두 줄 사다 식탁 위에 놓고 외출하였다가 집에 돌아와 보니 쵸코가 의자 위로 올라가 식탁에 있는 김밥을 끌어내려 약간의 흔적만 남기고 김밥 두 즐을 다 먹어버린 사건이 있었다.

  먹을 것을 보면 참지 못하는 쵸코를 보며 마치 나의 모습을 돌아보는 시간이 되었다. 먹는 것을 워낙 좋아하는 나 또한 절제를 못할 때가 있다. '살이 너무 쪄서 안 되겠어. 다이어트를 해야겠어.' 단단히 마음을 먹지만 맛있는 음식 앞에서 결심이 무너질 때가 한 두 번이 아니었다. 그런 내지 하나님께서 "금식"을 하라는 마음을 주셔서 순종할 때면 음식의 냄새, 모양, 맛과 상관없이 먹고 싶다는 생각이 전혀 들지를 않는다. 내가 생각해도 나의 그러한 모습이 정말 신기하기만 하다. 내가 "금식"을 할 수 있는 것은 오직 나를 도우시는 하나님의 은혜요, 하나님이 살아계시다는 것을 확증하는 것이기에 나의 입술로 살아계신 하나님을 고백하지 않을 수가 없다.

3. 상처

쵸코는 나를 믿지 못한다. 의심이 많다. 그리고 두려워한다. 도대체 왜 그럴까? 도저히 이해할 수가 없었다. 좋은 관계형성이 되었다고 생각했는데 쵸쿄가 자기 자리에만 앉으면 관계가 깨어진다. 나를 경계하고 심지어 이빨을 드러내 보이며 으르렁거리고 내 손을 물기까지 하였다. 내 손을 문 이유는 쵸코가 자기 자리에 앉아 있을 때 내가 손으로 머리를 쓰다듬었기 때문이었다. 평상시엔 먼저 다가와 몸을 쓰다듬어 달라고 주둥이로 내 손을 들어 올려 자신의 몸 위에 올려놓는다. 그래서 쓰다듬어주면 너무나도 좋아한다.

그런데 자기 자리에만 앉으면 돌변한다. 주변에 강아지를 키우는 사람에게 들으니 쵸코에게 상처가 있어서 그렇다고 한다. 인내하며 사랑을 주어야 한다고 조언해 준다. 또 상처가 치유되고 회복되기 위해서는 오랜 시간이 걸린다고 한다. 사람과 다르지 않다. 상처받은 사람은 자기를 방어하고 또 다른 사람에게 상처를 주며 언제나 싸우려 들듯이 쵸코도 그러하다. 상처를 치유하려면 변함없는 마음으로 끝까지 인내하며 사랑하는 방법밖에는 없는 것 같다. 우리는 이제 한 가족이고 서로 사랑해야 함을 계속 알려 주고 진심으로 사랑해 줌으로 쵸코의 상처가 빨리 치유되고 회복되도록 도와야겠다.

4. 훈련(반복학습)

쵸코가 비록 말은 못 하지만 우리가 하는 말을 거의 다 알아듣는다. 이해가 되지 않을 땐 고개를 좌우르 갸우뚱거리며 무슨 말인지 모른다는 표현을 한다. 하루하루의 시간을 통해 쵸코에 대해서 알아가게 되고 또 강아지를 키우는 사람들의 마음도 알아가게 된다. 한 가지 한 가지 생활습관을 가르치며(배변 장소, 인사하기, 짖지 않기, 양치하기, 식사 준비 시 앉아서 기다리고 기도 마친 후 먹기. 산책 시 지켜야 할 일 등…) 잘 했을 때 칭찬과 함께 포상을 주어 바른 습관을 형성하게 하고 잘못할 때는 꾸짖어 다시는 그 행동을 하지 못하도록 훈련하고 있다.

하나님과 나와의 관계에서도 이와 같지 않을까 하는 생각을 하게 되었다. 나를 지으신 하나님께서도 나를 바라보시며 말씀대로 살아 좋은 습관을 형성하고 좋은 열대를 맺어 하나님께 영광을 올려 드리는 삶 살아가길 얼마나 원하실까! 성경 말씀 읽기, 기도드리기, 전도하기, 봉사와 헌신하기, 이해와 용서, 사랑하기 등등 나의 일상생활 속에서 좋은 생활 습관을 형성하기 위하여 날마다 반복 학습하고 훈련하는 것이 꼭 필요하고 또 그것이 얼마나 중요한가에 대해 다시 한 번 생각하며 마음에 새기게 되었다.

5. 충성심 & 배은망덕(背恩忘德)

　강아지는 서열을 정하고 그에 따라 행동을 한다고 들었다. 우선 우리 집에서는 아들 이준희가 쵸코에게 서열 1순위이다. 자기를 우리 집으로 데리고 와 주었기 때문이다. 쵸코에게 아무리 잘 해주었어도, 또 잘 해주어 온종일 나를 잘 따르며 지냈다 해도 아들이 나타나는 순간 모든 것이 물거품이 된다. 내가 언제 너를 따랐냐는 식으로 돌변해 버린다. 심지어는 아들이 안고 있는 쵸쿄를 만지기라도 하면 이빨을 드러내고 으르렁거린다. 반대로 아들을 건드리기라도 하면 달려들어 나를 물 기세이다. 우리 집에 온 지 2년이 지나 20년도가 되니 안겨있는 쵸코를 만져도, 아들에게 다가가 건드려도 쵸코가 이제는 가만히 있는다.

　아들이 화장실에 들어가면 쵸코도 따라 들어가고 아들이 변기에 앉으면 그 앞에 돌아앉아서 마치 경호원처럼 아들을 지키고 있다. 밥 주고, 간식 챙겨주고, 산책시키고, 목욕도 시켜주며 배변처리까지도 다해 주는 나를 잘 따르다가 아들의 등장과 함께 완전히 나를 외면할 뿐 아니라 물려고 하는 쵸코의 모습을 보며 배신감이 들면서 '배은망덕(背恩忘德)'이란 말이 저절로 나온다. "쵸코, 넌 나에게 입은 은덕을 잊고 저버리는 배은망덕이야." 반면 아들을 섬기고 따르는 쵸코의 모습 속에서 '충성심'도

보게 된다. 나에게 하는 모습은 섭섭하기 짝이 없으나 아들을 대하는 모습은 대견스럽기만 하다.

하나님 아버지에게 한량없는 사랑과 큰 은혜를 입고서도 감사의 마음을 가지지 않고 또 하나님이 원하시는 뜻대로 살지도 않고 내 멋대로 살고 심지어 나의 생각, 내 뜻대로 기도 응답을 해 주시지 않으면 하나님을 원망하고 하늘을 향해 삿대질하며 소리 지르고 따지는 사람들의 모습이 바로 하나님이 보시기에 '배은망덕(背恩忘德)'이 아닐까 하는 생각을 하게 되었다.

반면 쿄코가 1순위로 생각하는 아들을 따르듯이 우리도 오직 하나님만을 바라보고 하나님의 뜻을 따르며 그가 기뻐하시는 일만 행하며 말씀에 순종하여 살고 하나님의 사랑을 받기 위해 힘쓰고 애쓰는 모습을 보시면 "착하고 충성된 종아"라고 하시며 얼마나 기뻐하실까.

예비해 주신 쿄코를 우리 가정에 보내 주셔서 쿄코를 통해 하나님과 인간과의 관계를 생각해 보게 하시고 또 하나님의 마음을 조금이나마 깨달아 알고 그 마음을 헤아릴 수 있게 하시며 나 자신을 돌아볼 수 있는 환경과 시간을 허락하여 주신 하나님께 감사를 드린다. 더불어 나와 다름을 인정하고 이해하고 용납하며 용서하고 그럼에도 불구하고 사랑해야 함을 가르쳐 주신 하나님, 부족한 나를 사랑하고 보호하시고 인도해 주시는 아바 아버지 하나님을 더 깊이 더 많이 알게 하심에 감사와 찬송과 영광을 올려드린다. 내 삶을 통해 하나님의 성품을 닮아가는 삶, 예수님의 생애를 본받아 사는 삶, 성령 하나님의 인도하심에 순종하는 삶을 살기로 다시 한 번 결단한다.

"네가 죽도록 충성하라. 그리하면 내가 생명의 면류관을 네게 주리라" (요한계시록 2:10)

"인내는 연단을 연단은 소망을 이루는 줄 앎이로다"
(로마서 5:4)

43 편.
12시간 만에 기타치며 찬양, 할렐루~야!

"3시간씩 4일 12시간 만에 기타를 칠 수 있습니다. 이번 기회에 한 번 배워 보시죠."

남선교회 회장님을 통해 2016년 6월 5일「기타 찬송 교실」에 대한 안내를 받았다. 이야기를 듣는 순간 '하나님께서 나를 위해 기회를 만드셨구나.'하는 생각을 하며 너무나 기뻤고 기대가 되었다. 그런데 아들 군 제대 기념으로 미리 6월 16일부터 18일까지 여행을 다녀오기로 한 일정을 보내고 오니 너무나도 피곤하고 힘들었다. 또 6월 27일부터 12일간 다녀 올 유럽 비견트립을 생각하니 20일부터 한 주는 심신의 피곤을 푸는 것이 좋을 것 같다는 생각에 19일 주일까지도 선뜻 신청하지 못하고 있었다.

20일 새벽에 예배를 드리고 기도를 드리는 중 "모든 일정을 예비해 주었는데 왜 신청을 안 하려 하느냐…"는 세미한 음성이 내 마음에 들렸다. 그러고 보니 배우는 기간 앞 주에도 또 뒷 주에도 기타를 배울만한 여건이 되지 못했었다. 오직 그 한 주, 6월 20일부터 6월 24일까지 한 주의 기간 중에만 기타를 배울 수 있는 상황이 가능했던 것이 아닌가!!!

　내 아버지 하나님의 세밀하시고 한 치의 오차도 없으심을 또 한 번 경험하며 감사하지 않을 수 없었고 찬송과 영광을 올려드리지 않을 수 없었다. 할렐루~야!!!

　20일 저녁 7시. 나는 퇴근을 하고 기대하는 마음을 품고 피곤함도 잊은 채 꿈의숲교회로 발걸음을 재촉하였다. 지도 강사이신 안양호 목사님께서는 인사말씀과 함께 하나님께서 자신에게 주신 소명에 대해 말씀하시고 우리 모든 성도는 죽는 날까지 찬양으로 하나님께 영광을 올려 드려야 한다고 강조하여 말씀하셨다.

　첫날, 미처 기타를 준비해 오지 못한 제1기 기타동아리 회원들을 위해 기타를 준비해 오셨고 또 기타를 구입할 때까지 무료로 사용할 수 있도록 배려해 주셨다. 기타를 탐색하고 기본코드와 가족코드에 대해 배우며 기타연주를 하였다. 사실 나는 어려서부터 기타를 치며 찬양하는 사람들의 모습을 보면서 부러워하였다. 근래에도 변함없이 기타를 치며 찬양하는 분들의 모습을 바라보면서 늘 '나도 기타를 배우고 싶은데…'하는 마음의 소원함이 있었다. 하지만 실천을 하지 못하고 있었는데 하나님께서 그런 나의 마음을 아시고 이번 기회를 허락해 주시어 마음에 소원을 이루어 주셨다. 그럼에도 바로 순종하여 등록하지 못하고 내 생각대로 하려던 나의 모습에 한없이 하나님 아버지께 죄송한 마음이 들었고 부끄러웠다.

「3시간씩 4일 12시간 기타 찬송교실」을 마치고 나니 찬송을 연주할 수 있게 되었다. 물론 아직은 어설프지만... 그 후 1기 기타동아리 모임을 매주 한 번, 화요일 저녁마다 가지며 모여서 기도하고 기타 치며 찬양함으로 하나님께 영광을 올려드렸다. 할렐루~야!!!

나의 아바 아버지 하나님께 그저 감사할 뿐이다.

"내게 능력 주시는 자 안에서 내가 모든 것을 할 수 있느니라" (빌 4:13)

말씀처럼 비록 나는 부족하지만 하나님께서 나에게 지혜 주시고 힘주시면 기타 치며 찬양으로 하나님께 영광 올려 드릴 수 있음을 믿는다. 날마다 기도하며 하나님의 도우심을 구하고 내가 할 수 있는 한 최선을 다해 연습하여 아름다운 기타소리와 목소리로 하나님께 찬양 올려 드리길 소망한다. 내 삶을 통해 그리고 찬양을 통해 하나님을 영화롭게, 하나님을 기쁘시게 해 드리는 자 허지영이 되련다. 주님, 사랑합니다. 할렐루~야!!!

"내가 이 백성을 지었나니 나의 찬송을 부르게 하려 함이니라" (이사야 43:21)

44 편.
수선화

하루의 생활을 마치고 퇴근하는 길에 하루 종일 혼자 계시는 시어머니와 외식을 해야겠단 마음이 들었다. 나는 시어머니께 전화를 드렸다. "어머니, 오늘 저녁은 어머님이 좋아하시는 비빔 막국수 먹어요."라고 말씀드렸더니 좋아하신다. 돌솥비빔밥과 비빔 막국수를 주문해 맛있게 서로 나누어 먹고 밖으로 나왔다.

집으로 오는 길목에 화원이 있었다. 노오랗게 핀 수선화가 우리를 쳐다보며 환하게 웃고 있었다. "어머니, 이 꽃이 수선화인데 참 예쁘죠~? 생긴 것도 특이해." "그러게, 참 예쁘네." 식물 키우는 것을 좋아하시는 시어머니이시기에 다른 때 같으면 "어머니, 이 수선화 사 갈까?"라고 말씀을 드렸을 텐데 그냥 발걸음을 집으로 옮겼다.

다음날인 수요일, 시어머님은 교회에 가서서 낮에 구역 예배를 드리고 구역 식구들과 어제 저녁 나와 함께 식사를 한 식당에서 점심을 잡수시고 나와서 꽃집 앞을 지나며 구역 식구들에게 수선화 꽃을 소개하시고 "참, 예쁘지요?"하며 꽃 이야기를 나누었다는 말씀을 저녁에 나에게 해주셨다. 나는 마음속으로 "수선화를 사다 드려야겠다."는 생각을 하였다.

다음날인 목요일, 난 매주 목요일마다 내가 다니고 있는 꿈의숲교회에서 무료로 교회 및 지역의 어르신들을 섬기는 '늘푸른 대학'에서 봉사를 하고 있기에 새벽예배를 드리고 기도를 마친 후 바로 모임 장소로 이동했다. 늘푸른대학 모임 전에 섬기는 모든 분이 미리 모여 예배드리는 경건회의 시간을 통해 찬양과 말씀과 기도로 어르신을 맞이할 준비를 하였다. 경건회를 마치고 그 날의 하루 일정을 나누었다. 목사님께서 "오늘은 특강시간에 '다육식물 심기' 프로그램이 준비되어 있습니다. 모두 잘 참여 할 수 있도록 도와주세요. 강사는 화원을 운영하시는 우리 교회 조항숙 권사님이십니다."라고 말씀해 주셨다.

특강시간에 강사님은 식물에 대한 이야기를 풀어 가시며 재미있게 설명을 하시던 중 "성경에 나오는 꽃이 있는데 어떤 꽃이 있을까요?"라는 질문을 하셨다. 나는 순간 반사적으로 "백합화"라고 대답을 하였다. 그런데 주변에 어르신들이 듣고는 큰 소리로 따라서 대답을 하셨다. 그래서 상품이 어르신에게 갔다. 그런데 선물이 전달되는 그 순간 나의 눈이 휘둥그레졌다. 그 상품이 바로 "수선화"였다. 그 순간부터 지속 내 마음에 '이럴수가…' 놀라움을 금 할 수가 없었다. 그리고 몇 차례 더 질문과 함께 선물이 전달되었다.

요즘 계속 하나님께서 나의 필요를 채우시는 것을 경험하고 있어 이 또한 하나님께서 나를 위해 예비하셨음을 알기에 하나님께 감사하였다. 하나님께 구한 것이 아니라 대화 가운데, 혼자 필요한 것을 생각만 해도 하나님은 들으시고 채워 주신다. 그래서 날마다 놀라며 살고 있다. 드디어 강사님의 설명과 함께 '다육식물 심기'가 시작되었다. 나는 수선화를 하나님께서 나를 위해 예비하셨음을 알기에 조심스레 강사님께 가서 "권사님, 백합화라고 제가 제일 먼저 이야기 했는데…"라고 수줍게 말씀드렸더니 "어머, 백합화라고 말한 분이 집사님이었어요?"라고 말씀하시며 한 개 남은 수선화 화분을 내게 주셨다. 할렐루~야!!! 나를 위해 예비해 주신 하나님 아버지의 마음을 알기에 나는 또 행복함에 가슴이 벅찼다.

'다육식물 심기'를 마치고 봉사하시는 권사님들께서 손수 정성스럽게 만드신 맛난 음식을 먹기 위해 교회 식당으로 갔다. 무료로 제공하는 점심을 어르신들과 함께 맛있게 먹고 난 후에 각자 신청한 특기교육을 하기 위해 신청한 곳으로 흩어졌다. 나는 내게 주어진 성경읽기반으로 이동하였다. 성경읽기반 어르신들과 함께 말씀으로 작곡한 찬양을 부르고 말씀을 암송하며 암송한 말씀으로 퍼즐 맞추기 활동도 한 후 어르신들은 귀가하셨다.

모든 프로그램을 마치고 난 후 섬기는 봉사자들은 다 함께 모여서 부학장이신 임정재 장로님과 지도 목사님이신 민경미 목사님, 그리고 최복주 총무님과 함께 하루일과 평가 및 다음 주 계획을 나누고 기도로 모든 일정을 마쳤다. 정리정돈 한 후 선물로 받은 '수선화'와 '반 케펠'을 안고 시어머니께 안겨드릴 생각에 기쁜 마음으로 발걸음을 재촉하여 집으로 향했다. 집에 도착하여 시어머니께 건네 드리니 향을 맡으시며 무척 좋아하셨다. 하나님께서 행하신 일을 간증하고 난 후 집 베란다에 핀 군자란 화분에 수선화를 함께 올려놓고 집에 있던 다육식물 작은 선인장과 가져온 반 케펠을 작은 쟁반에 함께 올려놓았다. 정말 예쁘고 아름다웠다.

 천지와 우주 만물을 창조하신 이가 하나님이시고 모든 일을 주관하시고 섭리하시는 이가 하나님이심을 다시 한번 고백하며 감사하는 날이 되었다. 아바 아버지 하나님, 감사합니다.

 사랑합니다. 사랑합니다. 사랑합니다.

"아브라함이 그 땅 이름을 여호와 이레라 하였으므로 오늘까지 사람들이 이르기를 여호와의 산에서 준비되리라 하였더라"(창세기 22:14)

"나의 하나님이 그리스도 예수 안에서 영광 가운데 그 풍성한 대로 너희 모든 쓸 것을 채우시리라"(빌립보서 4:19-20)

45 편.
항존직 선거

2016년 11월 꿈의숲교회에서 항존직 선거가 있었다. 1,2,3차의 공동의회를 통해 장로(1명), 안수집사(5명), 권사(13명)가 피택되었다.

나는 결혼과 함께 시부모님과 남편이 섬기고 있는 교회에 등록을 하고 찬양대로 열심히 봉사하며 섬겼다. 28세에 결혼을 한 나는 30세가 되기 전에 출산해야 한다는 생각을 하며 예쁜 아기를 주시길 간절히 기도하였다. 기도에 응답으로 하나님께서 태의 열매로 주신 아들 이준희가 1994년 9월 11일에 태어났다. 당시 아파트 재개발로 인하여 종암동에서 장위동으로 이사를 하고 주일마다 종암동에 있는 교회로 가서 예배를 드렸다.

1995년 교회에서 세습 문제로 오해를 받게 되면서 그 오해를 푸는 방법이 교회를 옮기는 것이라는 인간적인 생각을 하고 남편과 나, 그리고 아들은 장위동에 위치한 장위동교회(현 꿈의숲교회)로 옮기게 되었다. 그러나 훗날 부모님과 함께 다시 예배를 드리게 될 수 있기에 등록을 하지 않은 채 신앙생활을 하였다. 모태신앙인 나는 결혼 전까지 하나님만을 사랑하며 신앙생활을 하였었는데 결혼과 함께 하나님보다 눈에 보이는 남편을 더 사랑하지 되었다.

하나님께서는 여러 차례 돌이키라는 마음을 주시고 오랫동안 기다려주셨건만 남편과 나는 오히려 교회와 목회자로 인해 상처를 받은 이후 점점 더 하나님에게서 멀어져 갔다. 모든 공예배를 드리며 하나님께서 기뻐하시는 신앙생활을 하던 우리가 어느새 예배를 줄여가 급기야 썬데이 크리스천으로 생활하고 있었다. 2011년 10월 15일에 하나님께서 나의 가장 귀한 보물인 남편을 부르셨다. 그로 인해 나는 꿈의숲교회(전 장위동교회)에 등록을 하기로 결단하였다.

하나님께서 우리의 만남을 계획하셨고 기도로 만나 결혼을 하게 하셨으며 서로를 자신처럼 사랑하며 살게 하셨는데 도대체 왜 남편을 먼저 부르셨는지 하나님의 뜻을 알기 위해 나는 하나님 앞으로 더욱 가까이 나아가게 되었다. 그 당시엔 우리의 신앙생활에 문제가 있다는 생각조차도 하지 못했다. 너무 자연스럽게 하나, 둘 예배를 내려놓게 되었고 또 그 상황에 쉽게 익숙해졌으며 오히려 하나님께서 은혜와 복 주심에 감사하며 하루하루를 너무나도 평안하게 살아가고 있었다. 훗날 설고 말씀을 통해 "하나님보다 더 사랑하는 것이 있다면 그것이 곧 우상숭배이다."라는 말을 듣고 얼마나 울며 회개했는지 모른다.

나는 고회에 등록한 후 초심으로 돌아가 하나님과의 첫사랑을 회복하기 위하여 새 신자반 교육부터 다시 시작하였다. 하나님께서 예비하셔서 영적 리더십 모든 교육과정(새 가족 반, 알파 코스, 바나바 섬김이 사역, 중보기도, SOL1,2,3단계-제자훈련, 사역훈련, 리더훈련), 목장사역훈련을 5년 안에 모두 이수하게 하셨다. 너무 놀라운 것은 SOL1,2,3단계는 1년 6개월이 걸리는 분기마다 하는 교육인데 어느 해에는 3년 만에 마친 적도 있었다는 말을 들었다. 그런데 나는 1년에 3단계 교육을 모두 마쳤다는 것이다.

그리고 2016년 11월, 등록한 지 정확히 5년 만에 권사로 피택되게 하셨다. 하나님의 놀라우신 계획과 섭리로 인해 놀라지 않을 수 없고 하나님께서 한 치에 오차도 없이 하신 일을 전하고 증거하지 않을 수 없다.

2003년부터 새벽예배에 대한 마음을 주셨는데 순종하지 못하고 세월을 보냈다. 그런데 2006년 시아버지의 병환으로 인해 하나님께서는 강권적으로 새벽예배를 드리게 하셨다. 지금 생각해 보니 미래의 나에게 일어날 모든 일들을 이미 아시는 하나님께서는 나의 믿음이 흔들리지 않도록 또 더욱 견고해지도록 하시기 위해 미리 준비해 주신 것이었다.

도저히 나의 머리로 이해할 수 없었던 남편의 부르심으로 인해 나는 더 깊은 기도로 나아가게 되었고 또한 깊은 기도를 통해 하나님과 더욱 친밀한 관계로 이어지게 되었다. 그리고 하나님께서는 해결되지 않았던 남편의 부르심에 대한 이유에 대하여 3년이 지난 어느 날 기도 중에 나에게 말씀해 주셨다.

"딸아, 아들의 갈 날이었고, 또 내가 너를 사용하기 위함이었다."

이 한 말씀에 모든 의문이 풀렸다. 하나님께서 왜 남편의 앞길을 열어주시지 않았는지, 왜 나를 새벽예배로 부르셨는지, 어린 시절 나의 평생에 말씀으로 이사야 41장 10절을 주셨는지…

이후 나의 삶은 오직 삼위일체 하나님만을 바라보고 한 걸음, 한 걸음 나의 아바 아버지 하나님께로 더욱 가까이 나아가며 오직 만군의 주 여호와 하나님만을 사랑하고 하나님의 영광을 위하여 사는 삶을 살기로 고백한다. 할렐루~야!!!

"두려워하지 말라. 내가 너와 함께 함이라. 놀라지 말라. 나는 네 하나님이 됨이라. 내가 너를 굳세게 하리라. 참으로 너를 도와 주리라. 참으로 나의 의로운 오른손으로 너를 붙들리라"

(이사야 41:10)

46 편.
CTS 권사합창단

2017년 3월 5일 주일 오후에 샤론찬양대 조태진 지휘자님으로부터 카톡 문자가 왔다.

"집사님, 잘 지내고 계시죠? 혹시 수요일 오후 시간 어떠세요? CTS 방송국 권사합창단에서 신입단원을 모집하는데 예비 피택 권사도 가능하다고 해서 집사님을 추천하려구요.

올해 종교개혁 500주년이라 유럽 순회공연도 기획 중이랍니다."

"감사합니다.~^^ 수요일 오후 몇 시 정도일까요? 7시 라크로체 연습과 예배에 지장은 없는지요….. 지금 잠시 기도를 드렸는데 감동을 주시네요. 아버지의 뜻대로, 인도하시는 대로 따라갈 수 있길 기도드립니다.^^ 지휘자님을 샤론찬양대에 보내주셔서 개인레슨을 통해 성악을 배우게 하시고 CTS로 길을 열어주시네요. 일하시는 하나님을 찬양합니다. 사실 방송에 대한 마음을 주셔서 계속 기도를 드리고 있었거든요."

"집사님. 보내드린 사진 참고하세요."

"아하~. 테스트가 있네요. 어쩌죠? 제가 가능할까요?"

"그동안 배운 것 여기서 쓰셔야죠.^^"

"아버지의 뜻이라면 가능하게 하시겠죠? 도전해볼게요. 감사합니다."

드디어 3월 8일 수요일. 오늘은 CTS 권사합창단 오디션이 있는 날이다. 그래서 나는 노량진에 위치한 CTS 기독교 방송국을 찾아갔다.

CTS 권사합창단의 찬양이 울려 퍼지는 강당을 향하여 내려가니 연습이 한창이었다. 문을 빼꼼 열고 안을 들여다보는 중 한 분과 눈이 마주쳤다. 그 분은 자리에서 일어나 내가 있는 곳으로 다가왔다.

"어떻게 오셨나요?"

"네, 안녕하세요? 저는 오늘 오디션을 보기로 한 허지영이라고 합니다."

"아! 네, 오신다고 말씀 들었습니다. 저는 권사합창단 이숙영 총무입니다."

나는 먼저 총무님에게 권사합창단 관련 전반적인 내용과 루터 종교개혁 500주년 기념연주회에 대한 이야기를 들으며 이야기를 나누게 되었는데 대화 중 하나님께서 보내신 것임을 더욱 확신할 수 있었다.

얼마 후 연습을 마치고 나오는 단원들을 보며 내 마음이 떨리기 시작했다. 지휘자님과 임원진, 몇몇 단원들이 있는 앞에서 오디션을 보게 되었다.「주 하나님 지으신 모든 세계」찬양을 불렀다. 그 자리에서 바로 파트가 정해졌다. 하이 소프라노!

그리고 나서 지휘자님과 임원진들로부터 한 가지 제안을 받았다. 5월에 있을 루터 종교개혁 500주년 기념 유럽순회공연이 있는데 함께 가자는 것이다. 나는 바로 그 자리에서 대답을 할 수가 없었다. 그 이유는 순회 시 불러야 하는 찬양곡 연습도 못했고, 직장에 이야기도 하지 않은 상태였으며 사실 비용도 부담이 되었기 때문이다.

그때 총무님께서 "허지영 권사님. 함께 갔으면 좋겠어요. 같이 기도해요."라고 말씀하셨다.

"네, 사실은 오늘 새벽에 기도드릴 때 하나님께서 이렇게 말씀하셨어요. "네가 발을 떼어야 내가 일을 한다." 그래서 하나님 말씀에 순종하여 오늘 오디션에 오게 되었고 연주회도 함께 갈 마음을 주셨습니다. 5월에 함께 가도록 하겠습니다."

총무님과 함께 했던 분들이 "잘 되었네요. 함께 갈 수 있어서 기뻐요."라고 말해 주었고 나 또한 "감사합니다. 저도 기뻐요."라고 말씀드렸다.

나는 몇 가지의 안내 말씀을 듣고 난후 인사를 드리고 수요예배를 드리기 위해 교회로 향했다.

사실 이 당시에는 하나님께서 나를 위해 예비하여 주신 것만으로 생각했는데 시간이 지난 후 알게 되었다. 청소년부 교사로 부르심에 눈물을 흘리며 내가 좋아하는 찬양대를 내려놓고 순종한 것에 하나님께서는 기뻐하셨고 샤론찬양대 보다 더 큰 CTS 권사찬양단으로 나를 보내주셔서 마음껏 하나님을 찬양하며 하나님께 영광을 올려 드릴 수 있도록 기회를 주셨다는 것을... 하나님 아버지께서는 나에게 큰 은혜와 기쁨으로 가득하게 하셨다. 덤으로 루터 종교개혁 500주년 기념 유럽순회공연도 함께 갈 수 있도록 기회를 주셨다.

언제나 나의 가는 길과 걸음을 세밀하게 인도하시는 만군의 주 여호와 하나님 나의 아바 아버지께 감사와 찬송과 영광을 올려드린다. 할렐루~야!!!

"내 이름으로 불려지는 모든 자 곧 내가 내 영광을 위하여 창조한 자를 오게 하라. 그를 내가 지었고 그를 내가 만들었느니라" (이사야 43: 7)

47 편.
전 교인 체육대회

2016년 어느 가을날 예배를 마치고 최미라 집사님과 함께 걸어서 집으로 가는 길에

"집사님~ 저는 부모님 집에서 독립하면 다시 가전제품을 사야 하는데 TV가 고민이에요. 제 생각에는 사고 싶지 않은데 주원이 때문에라도 TV가 작은 것 하나 있었으면 좋겠어요"

"그렇겠네요. 나도 이동식 인덕션이 하나 있었으면 해요. 지난번 박윤화 집사님 집에 갔더니 부르스타 같이 사용하는 작은 인덕션이 있었는데 편리하고 좋아 보이더군요" 하며 대화를 나누었다.

올해에도 우리 꿈의숲교회는 전 교인 체육대회를 통해 친교. 화합. 사랑의 장으로 하나가 되는 시간을 마련하였다. 하나님께서 영적 동역자로 붙여 주신 최미라 집사님이 올해에도 체육대회에 참석하지 않겠다고 하는 것이 아닌가. 나는 "집사님! 수요예배를 대신 하는 뜻있는 행사인데 가볍게 여기면 안 되지요."

라고 며칠 전 통화 중 이야기를 하였다. 그랬더니 오늘, 2017년 5월 3일 동산정보산업고등학교에서 열린 꿈의숲교회 전 교인 체육대회에 둘째 아들 주원이와 함께 참석하였다. 개회 예배를 드리고 시작을 알리는 개회선언과 함께 첫 행운권 추첨이 있었다. "번호 1교구 39번" 나는 내 귀를 의심하였다. 바로 나였다. 첫 주자로 내 번호가 불리운 것이다. 받은 상품은 더 놀라웠다. '인덕션' 내가 하나 있었으면 하고 생각했던 물건이다. 나는 상품을 받아 자리로 돌아와 앉으며 "최미라 집사님은 제일 좋은 것으로 주실 거예요"라고 말을 하였다. 그리고는 "네 믿음대로 될지어다"라고 덧붙였다. 집사님은 "아멘"으로 받았다. 그리고 체육대회는 시작되었다.

올해에는 조용히 뒤에 앉아 구경만 하려고 하였는데 박영록 교구 목사님의 부탁으로 진행 도우미의 역할을 맡게 되었다. 사실 1년 전쯤부터 무릎에 통증이 있어 걷기가 힘들 정도로 아팠다. 그래서 출근 시 정장을 입고 운동화를 신고 다녀야만 했다. 이 아픔과 고통을 통해 어르신들의 다리 아픔을 체휼하게 되었고 눈물의 기도로 중보하게 되었으며 이 일을 계기로 교회내 엘리베이터 설치를 놓고 부르짖어 기도하게 되었다.

우리 교회에서는 새 신자반 교육을 마치고 나면 다음 코스인 알파교육을 받게 된다. 그 당시 나는 알파교육 리더로 섬기고 있었다. 알파 교육과정 중 1박2일의 성령 수양회 프로그램이 있는데 그 시간을 통해 말씀과 찬양과 기도의 시간을 가지며 성령 하나님의 임재를 느끼고 또 성령 하나님께서 일하심과 영적 체험도 경험하게 된다. 올해 봄 성령 수양회를 마치고 돌아와 첫 알파 모임에서 「하나님은 오늘도 치유하시는가?」란 주제 관련 영상을 보게 되었다. 예수님께서 지셨던 십자가 영상을 보며 나를 위해 십자가를 지시고 죽으신 예수님에 그 크신 사랑에 너무나 감사하여 눈물이 하염없이 흘러내렸다. 그때 "내가 채찍에 맞음으로 너희가 나음을 입었도다"라고 하신 말씀이 귓가에 크게 들렸다. 나는 "아멘, 아멘, 아멘!!!"으로 받으며 순간 기도를 드렸다. "내가 채찍에 맞음으로 너희가 나음을 입었도다. 라고 하신 약속의 말씀을 믿습니다. 주님, 나의 아픈 무릎을 깨끗하게 치유하심을 믿고 감사드립니다."

　영상 시청 후 하나님의 치유하심에 관련된 내용으로 담임목사님의 토크가 시작되었다. 많은 내용 중 「믿음의 기도에 역사하신다.」라는 말씀이 머릿속에서 떠나지를 않았다. 토크를 마치고 조원들과 나눔의 시간을 가지기 전 간식 및 휴식시간이 되어 나는 화장실에 다녀왔다. 그런데 놀랍게도 나의 무릎 통증이 사라진 것이다. 나는 순간 또 눈물이 났다. 조원들과 함께 간식을 먹으며 이 시간을 통해 하나님께서 나의 무릎을 치유하신 것에 대해 간증을 하였다. 알파시간을 통해 치유를 경험하고 이번 전교인 체육대회에 참석하게 되어 진행 도우미로 마구 뛰어다니며 섬길 수 있게 하신 살아계신 하나님께 감사와 찬송과 영광을 올려드린다.

제1부 행사를 마치고 야외 운동장에서 점심을 먹는데 최미라 집사님이 아들 주원이에게 "하나님께서 네 번호로 선물을 주실 거야."라고 이야기하였다.

모든 행사를 마치고 행운권 추첨시간이 되었다. 마지막으로 1등상 번호를 불렀다. "1교구 42번" 바로 최미라 집사님 아들 김주원의 번호였다. 할렐루야~!!! 가장 큰 선물 TV. 작년(2016년)에 우리가 걸어가며 이야기했던 대로 우리의 대화를 들으시고 하나님께서 예비해 주신 것이다. 알파와 오메가가 되신 하나님께서 이번 체육대회 행운권 추첨에서 처음과 끝을 나와 내게 동역자로 붙여 주신 최미라 집사님에게 안겨 주셨다.

할렐루~야!!!

살아계신 하나님, 전능하신 하나님, 모든 것을 아시는 하나님, 우리의 대화까지도 들으시고 이루시는 하나님을 찬양하지 않을 수가 없다.

이렇게 하나님께서는 우리 일상의 대화까지도 들으시며 채우시는 역사를 날마다 우리로 하여금 경험케 하신다. 이러한 일들을 통해 살아계신 하나님을 보게 하셨고 우리의 머리로 이해되지 않는 일일지라도 더욱 하나님의 말씀에 순종하며 따라가도록 인도해 가신다.

모든 순서를 마치고 집에 돌아와서 씻고 정돈하니 글을 써서 오늘의 일을 간증하라는 마음을 주셨다. 그래서 먼저 카카오 스토리에 글을 올렸다. 그런데 글을 올리고 나니 최미라 집사님과 함께 찍은 사진을 떠올리게 하셨고 같이 올리라는 마음을 주셨다. 그래서 늦은 시간임에도 불구하고 K 집사님께 전화를 걸어 사진을 보내달라고 부탁드렸다. 사진을 받아서 카카오 스토리 댓글을 다는 곳에 올렸고 페이스 북에도 간증의 글과 사진을 올렸다.

사실 우리는 사진을 찍을 생각조차도 하지 못했었는데 점심 후 2부 순서를 하기 위해 체육관으로 가는 중 K 집사님(현재 권사님)이 우리 세 사람을 불러 세우더니 사진을 한 컷 찍어 주셨다. 아마도 사진을 글과 함께 올리도록 하기 위한 하나님의 계획하심이었으리라 확신한다.

부족하고 미련한 나를 통해 하나님을 전하고 증거하는 삶을 살게 하시는 나의 아바 아버지 하나님께 다시 한 번 감사와 찬송과 영광을 올려드린다. 할렐루~야!!! 아멘.아멘.아멘.

"그들에게 이르기를 여호와의 말씀에 내 삶을 두고 맹세하노라. 너희 말이 내 귀에 들린대로 내가 너희에게 행하리니"

(민수기 14:28)

48 편.
루터 종교개혁 500주년 기념 순회공연

CTS 권사 찬양단에서 루터 종교개혁 500주년을 기념하여 유럽 순회공연을 가게 되었다. 2017년 5월 15일에서 5월 26일까지 11박12일 동안 루터의 흔적을 따라 유럽을 순회하며 하나님께 찬양으로 영광을 올려드리게 되었다.

5월 15일 인천국제공항 3층 'A카운터'에 집결하였다. 이른 아침에 짐을 챙겨 나오느라 거의 모든 권사님들이 아침 식사를 하지 못한 상태였다. 마침 나의 동역자로 붙여 주신 최미라 집사님이 떡을 준비했다.(며칠 전 기도 중에 하나님께서 떡을 보내라는 마음을 주셨다면서 내게 전화가 왔다. 그래서 평소 CTS 권사 합창 연습 시 간식을 주문하시는 권사님께 부탁을 드려 떡을 주문했고 출발 당일 권사님께서 직접 떡을 찾아오셔서 권사님들에게 나누어 주셨다.) 그래서 우리는 아침 식사 대용으로 맛있게 먹었다. 예비해 주신 하나님께 감사의 마음을 올려드렸다.

인천국제공항을 출발하여 약 11시간 이상을 기내에서 보내고 체코 프라하에 도착했다.

사실 2006년 새벽예배를 시작한 후 기도를 드리는 중 "2013년에 일을 이루리라." 말씀하셨다. 이것이 무슨 뜻인지 알 수가 없었다. 그래서 2013년 8월 전 교인 수련회 말씀을 통해 알려주시길 간절히 기도드렸을 때 소경 거지 바디메오가 예수님께 고침을 받고 그 당시 전 재산이나 마찬가지인 자신의 겉옷을 벗어 던지고 예수님을 쫓았다는 말씀에 나의 모든 것을 내려놓고 예수님만을 따르길 원하시는 하나님의 마음을 알게 하셔서 주체할 수 없는 눈물과 콧물이 하염없이 흘러내렸다. 그리고는 도저히 내 머리로는 이해할 수 없는 일이었지만 나는 나의 생계인 유치원을 내려놓기로 결단하였다.

2014년 2월 하나님께서 말씀하신 것에 순종하여 유치원을 사직하였다. 그렇게 하고 나니 하나님께서는 나에게 가장 먼저 이스라엘 성지순례를 다녀오게 하셨다. 그 이후 유럽 종교개혁지(이탈리아, 스위스, 오스트리아) 탐방 및 동유럽, 발칸반도(체코, 폴란드, 슬로바키아, 헝가리, 오스트리아, 크로아티아, 슬로베니아) 등 비전트립을 보내주셨고, 인도와 일본 그리고 베트남으로 선교여행을 다녀오게 하셨다. 2006년 시작된 새벽기도 이후 기도 중 "내가 너를 전 세계로 보내리라." 하신 말씀을 이루어 가고 계신다.

2016년 유럽 종교 개혁지 탐방 시 다녀온 지역과 금번 루터 종교개혁 500주년 유럽순회공연의 지역이 겹쳐지는 곳이 있어서 처음에는 갈등했었다. 그런데 하나님께서 강하게 마음을 주

서서 순종하니 하나님께서 하신 일들을 보게 되어 또 한 번 놀라지 않을 수가 없었다.

1. 우선, 체코 프라하에서는 프라하 장소가 겹쳐도 한번은 야경, 한번은 낮 경치를 보게 하셨다.

2. 목조다리의 전형을 보여 주는 카펠교 앞에서 사진을 찍지 못했었는데 이번 여행을 통해 카펠교 앞에서 사진을 찍을 수 있게 되었다.

3. 빈사의 사자상 앞에서 찍은 사진이 제대로 나오지 않아서 마음이 많이 상해 울었었는데, 이번 방문을 통해 사진을 제대로 찍을 수 있었다.

4. 프랑크푸르트 한인 교회인 한마음교회에서 하나님께 찬양으로 영광을 올려드리고 성령님의 임재하심 안에서 말씀과 기도로 은혜 충만한 예배를 드렸다. 찬양을 부르며 하나님의 은혜에 감격하여 눈물을 흘리는 모습이 클로즈업 되어 CTS 기독교 방송국 뉴스에 방송이 되었다.

5. 유럽 순회공연 중 5월 22일, 나의 생일날 나의 룸메이트인 윤명숙 권사님께서 생일케익을 준비해 주시고 이숙영 총

무 권사님께서 장미꽃을 준비해 주셔서 성대한 생일 축하 파티를 열어주셨다.

6. 아무런 이유 없이 나에 대한 오해의 사건을 시작으로 영적 전쟁의 상황들이 이곳저곳에서 벌어지고 있었다. 이로 인해 더욱 기도하게 하셨고, 다시금 하나 되게 하셨으며 결국 선하게 인도하시는 하나님을 경험하게 되었다.(문제를 일으킨 권사님은 한국으로 돌아와 스스로 탈퇴하였다.)

7. 유럽순회공연에 함께 갔던 CTS 방송국 촬영진으로부터 인터뷰 요청이 들어와 응하였고 추후 한국에서 방송되었다.

8. 순회공연을 마치고 돌아온 후 2018년 3월 27일 "내가 매일 기쁘게"라는 간증 프로그램에 게스트로 출연하여서 간증하게 하셨다.

사실 평소에 하나님께서 간증의 마음을 주셔서 기도드린 후 순종하여 이번 간증 프로그램의 게스트로 신청을 했는데 내가 권사합창단에서 막내이다 보니 앞으로 기회가 많으니 연세 드신 분께 기회를 양보하는 것이 어떻겠냐고 연락을 받았다. 나는 알겠노라고 대답하였다. 왜냐하면 하나님께서 "간증을 하게 될 것이다."라고 하셨기 때문에 하나님의 때에 하나님께서 일하실 것을 믿었기 때문이다. 결국 몇 시간 후 다시 연락이 왔다. 이번 간증 프로그램에 게스트로 출연하게 되었다고!

　금번 루터 종교개혁 500주년 기념 순회공연을 하며 다 기록할 수 없는 크고 작은 수많은 일들을 통해서 하나님은 살아계시고 나와 함께하시며 모든 일을 주관하시는 분이심을, 모든 것을 선하게 인도하시는 분이심을 다시 한 번 확증하셨다. 오직 하나님께만 모든 영광을 올려드린다. 할렐루~야!!!

　"우리가 알거니와 하나님을 사랑하는 자 곧 그의 뜻대로 부르심을 입은 자들에게는 모든 것이 합력하여 선을 이루느니라" (로마서 8:28)

49 편.
하나님께 올려드린 난화분

초등학교 저학년 시절, 아파서 학교에 가지 못하고 결석하였던 적이 있었다. 그때 친구들이 꽃을 가지고 병문안을 와 주었다. 난생 처음으로 그 꽃을 하나님의 집에 가져다 꽃병에 꽂아 놓고는 너무나 기쁘고 행복했던 기억이 있다. 그 이후 중년이 된 2015년에 갑자기 하나님께 꽃을 올려드리고 싶다는 마음이 들었다. 4월 24일이 내 결혼기념일이고 4월 30일은 돌아가신 시아버님의 생신이자 남편의 생일이다. 사랑하는 남편을 하나님께서 하나님의 나라로 일찍 부르심이 나의 머리로는 도저히 이해할 수 없는 일이었지만 그럼에도 불구하고 하나님에 뜻이 있음을 믿고 그 모든 일에 감사하며 하나님께 난화분 2점을 강단에 올려드렸다.

하나님께서 나를 부르심에 순종하여 2014년 2월, 27년간의 교직생활을 내려놓고 수입도 없는 상태에서 그동안 하나님께서 허락하셔서 저축해 두었던 물질로 계획하지도 않았던 사회복지 공부를 하고 있을 때였다. 그러던 중 페이스 북에서 친구가 된

허은숙 여전도사님과 만남의 시간을 가지며 삶의 간증을 나누던 중 "욕심 부리지 말고 월 100만원만 벌어서 쓰세요."란 말을 듣게 하셨다. 생각해 보니 가지고 있는 물질은 한계가 있어 언젠가는 고갈이 될 것이고 하나님께 드리고 이웃과 나누기 위해서는 월 100만원이라도 벌어야겠다는 생각을 하게 되었고 나는 기도를 드렸다.

　정말 기도를 드린 대로 일을 할 수 있는 기회를 예비해 주셨다. 하나님의 일(수요일엔 목장리더교육, 목요일은 어르신을 섬기는 늘푸른대학에서의 봉사)을 함에 있어 지장이 없이 월, 화, 금만 출근하고 특별한 일이 있을 경우엔 출근하지 않아도 되는 조건으로 기도를 드렸는데 놀라운, 획기적인 일터를 허락해 주셨다. 근무시간을 8시30분-6시30분으로 말씀하셨는데 난 새벽예배 드리고 개인기도를 드리려면 9시까지 출근하고 혼자 계시는 시어머니와 저녁식사라도 함께하기 위해서는 5시에 퇴근해야겠다고 말씀드렸다. 물론 아르바이트로 일을 하겠다고 덧붙여 말씀드렸다. 못마땅해 하시는 모습이 역력했지만 그래도 그 조건까지도 수용해 주셨다. 이는 전적인 하나님의 은혜이다.

　유치원 행정을 돕는 일이라 타 유치원으로 가게 된 것에 오해가 없도록 하기 위해 친정과 같은 중계동 효천유치원(처음으로 원장 임용하여 하나님의 콜링, 부르심을 받아 퇴직하기까지 10년 6개월간 근무함) 이사장님께 인사를 드리러 갔다. 잘 되었다고 내 일처럼 기뻐하시며 집으로 돌아오는 길에 바웅 나오셔서 교통비로 사용하라시며 내 손에 봉투를 쥐어주셨다. 택시를 타며 얼떨결에 받아들고는 집으로 돌아와 열어서 보니 강단에 올려드린 난화분의 금액과 동일한 30만원이 아닌가! 할렐루~야!!! 간증으로만 들었던 일이 내게 일어났다.

   그 후 가을에 남편이 하나님의 부르심을 받고 하늘나라로 간 날인 10월 15일에도 감사함으로 난화분을 올려드리며 "아버지, 저 이번에도 올려드리고 싶어요. 아시죠?" 익살스럽게 하나님 아버지께 여운을 남겼다. 생각지도 않은 채워주심을 경험하니 또 확인하고 싶은 마음이 들었다. 아니나 다를까… 국제문단 등단 시 저작권 등록을 위해 보냈던 금액을 1년 만에 되돌려 받게 되었다. 손해볼 수 있었던 상황이었는데 손해 보지 않도록 도로 찾게 하셨다. 그 역시 30만원이었다. 다음 해인 2016년에도 상반기엔 적금 이자로 꽃값을 채우셨고 하반기에는 내가 뿌렸던 것의 약 3배 정도에 금액을 도로 찾게 하셨는데 꽃값의 10배되는 300만원을 받게 하셨으며 2017년 상반기엔 환급금으로 채우셨다. 날마다 놀라며 산다.

   하나님의 채우심은 계속되었다. 필요한 것이 있어 입으로 "아, 기름이 떨어져 가네. 사야겠다." "새벽예배 드릴 때 너무 추워서 두꺼운 숄을 사야겠어." "과일이 떨어져 가네." 필요한 것을 입으로 이야기를 할 때마다 거래하는 기관을 통해, 지인을 통해 택배로 배달이 되어 왔다. 물론 선물을 보내 주신 상대방은 나의 필요를 전혀 알지 못하는 상황이다. 특히, 내가 좋아하는 과일이 떨어지지 않도록 종류별로 공급하여 주셨다. 다른 사람의 간증으로만 들었던 일들이 내 삶을 하나님께 온전히 맡기고 나니 "내 삶의 간증"이 되게 하신다. 할렐루~야!!!

하나님을 인격적으로 처음 만난 것은 초등학교 저학년 때 부흥회에서 눈물, 콧물 흘리며 회개기도를 하면서였다. 하나님을 너무나 사랑했다. 고2 학창시절에는 치유체험을 통해 부모님의 하나님을 나의 하나님으로 고백하게 되었고 하나님의 크고 놀라운 사랑을 경험케 하셨다. 그런데 결혼과 함께 하나님보다 남편을 더 사랑하게 되었고 교회 일로 실족한 남편과 함께 교회를 옮긴 후 모든 공 예배에 참석하여 예배드리던 우리가 예배드리는 횟수를 점차 줄여 주일 예배 한 번만 드렸으며 교회에 등록도 하지 않고 17년을 다녔다.

하나님께로 돌아키라는 메시지가 여러 차례 있었으나 '평안하다, 평안하다.' 하며 자기주장과 고집을 내세워 순종하지 않았다. 하나님은 오래도록 참으시고 기다려주셨다. 하지만 사랑하는 남편과 헤어짐의 시련을 통해 나를 하나님께로 더욱 가까이 나아가게 하셨고 연단을 통하여 정금과 같은 믿음을 주셨으며 눈물을 흘리며 부르짖어 기도하게 하시어 하나님의 군사가 되게 하셨다. "나의 마음을 정금과 같이"란 찬양을 우연히 보게 하셨는데 가사가 다음과 같다.

나의 마음을 정금과 같이 정결케 하소서

나의 마음을 정금과 같이 하소서
내 영혼에 한 소망 있으니
주님과 같이 거룩하게 하소서
나의 삶을 드리니 거룩하게 하소서
오! 주님 나를 받으소서

하나님께서 원하시는 그릇으로 날 빚어가신다.
나는 하나님이 찾으시는 그 한 사람이 되고자 몸부림치고 있다. 이러한 과정 가운데 하나님께서는 지금도 끊임없이 일하고 계신다.

"만군의 여호와께서 이같이 말씀하시되 보라 내가 내 딸 백성을 어떻게 처치할꼬. 그들을 녹이고 연단하리라"
(예레미야 9:7)

"나의 가는 길을 오직 그가 아시나니 그가 나를 단련하신 후에는 내가 정금 같이 나오리라" (욥기 23:10)

"도가니는 은을, 풀무는 금을 연단하거니와 여호와는 마음을 연단하시느니라" (잠언 17:3)

"우리가 환난 중에도 즐거워하나니 이는 환난은 인내를, 인내

는 연단을, 연단은 소망을 이루는 줄 앎이로다" (로마서 5:3-4)

"형제들아, 너희가 여러 가지 시험을 만나거든 온전히 기쁘게 여기라. 이는 너희 믿음의 시련이 인내를 만들어 내는 줄 너희가 앎이라. 인내를 온전히 이루라. 이는 너희로 온전하고 구비하여 조금도 부족함이 없게하려 함이라"
(야고보서 1:2-4)

하나님께서 나를 택하시고 나를 부르사 연단하시고 시험하시며 행하신 그 모든 일들을 제2권에서 간증하고자 한다.

하나님은 분명 살아계시고 지금도 역사하고 계신다.
살아계신 나의 아바 아버지 하나님은
지금도 ~ing (현재진행형)!!!

| 찬 양 악 보 |

할렐루~야!!!

2013년 새벽에 기도를 드리는 중 하나님께서 곡을 주셨고 그 곡에 가사를 붙이면 찬양이 될 것이란 마음을 주셨으며 돕는 자를 붙이셔서 할 수 없는 자로 하여금 이렇게 찬양곡을 만들 수 있도록 도우셨습니다.

유아로부터 노년에 이르기까지 입을 크게 벌려 믿음으로 고백하며 찬양함으로 하나님께 영광을 올려드리길 소망합니다.

살아계신 하나님께 감사와 찬송과 모든 영광을 올려드립니다. 할렐루~야!!!

| 찬양악보

나 주님만 따르리

허지영

내가 주를 사랑하나이다

허지영

| 찬양악보 |

| 찬양악보 |

내 사랑하는 자여

빌립보서 4장 13절
내게 능력 주시는 자

| 찬 양 악 보 |

내가 지명하여 불렀나니

허지영

겸손하라

허지영

| 찬 양 악 보 |

사랑하고 축복해

허지영

사랑하고 축복해 - 사랑하고 축복해
- 사랑하고 축복해 - 우리 모두 다 함
께 사 랑 해 요 축 복 해 요
- 우리 모 두 주 안 에 서
- 사 랑 해 요 축 복 해 요
- 우리 모 두 주 안 에 서
-

| 찬양악보 |

샬롬 평안 있으라

허지영

샬 롬 샬 롬 샬 롬 샬
롬 평안 있 으라 너의 마음에 주께서 주시는 참평
안 평 안 있으라 너의 마음에 주께서 주시는 참평
안 샬 - 롬 샬 - 롬 샬 - 롬 샬롬 샬
롬

언약의 주시라

허지영

구 - 하라 그리하면 주 실것이요 찾
으면 찾 - 으리라 약 속 하셨네 문을
두 드리 - 라 문이 열릴 것이라 우
리 하나님은 언 약의 주 시 라

278·내삶! 네 삶?

I 찬양악보

| 찬양악보 |

| 찬양악보 |

| 찬 양 악 보 |

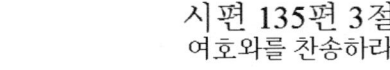

| 찬양악보 |

하나님 나라 전파하리라

잠언 25장 13절
충성된 사자는

| 찬양악보 |

찬양악보

찬양악보

| 찬 양 악 보 |

| 찬양악보 |